西村伊作の楽しき住家

田中修司

西村伊作の楽しき住家《じゅうか》

――大正デモクラシーの住《すま》い――

1934年頃

はる書房

はじめに

あなたは西村伊作を知っているだろうか。「文化学院」の創立者として記憶に留めている方もいるかも知れないが、それ以外のことは今日ほとんど忘れられているのが現状だろう。

しかし彼は、大正から昭和初期にかけて、教育の改革のみならず日本人の生活改善や住宅改良を訴え、国民的スターといってよいほど熱い支持を集めた人物である。そしてその主張は今日我が国の教育や住宅の基本となっている。

我が国の住宅は、大正期に入ってもほとんどのものは、江戸期とさして変わらないものであった。それは主人とその客を過度に重視した、接客本位の住宅であって、そこでは他の家族の家庭生活は犠牲にならざるを得なかった。

彼はこのような住宅を改めて、家族皆が楽しく暮らせるように家庭生活を接客よりも重視した、洋風居間を中心とする家族本位の住宅：「居間式住宅」を今後の日本の住宅とすべきであると主張した。彼はこの住宅モデルを、一九〇〇年代初頭、西海岸を源に全米で大流行していたバンガローに求め、彼自身もこのような小住宅を早期から建築するなど、様々な実践を重ねていたのだった。

彼が最も注目されたのは大正デモクラシーの時代である。この時代人々は政治面だけではなくあらゆる面で今後の日本人のあるべき姿を模索していた。しかし住宅の改良については、非常に厄介な問題が横たわっていた。それは封建制の克服という問題である。

男尊女卑、家父長制などに象徴されるように我が国の家庭には封建的な気風が温存され、接客本位の住宅はこの封建思想に対応した住宅といえる。人々はこれらを改革する必要があることを感じていたが、そのことを主張することは知識人であったとしても、なかなか困難なことであった。

しかし、西村は著書『楽しき住家』他でその改革を先駆的に訴え、そのことが居間式住宅が公式にデビューすることの大きな契機となったのである。そして自らも建築事務所を開設しその普及に努めた。今から約八〇年前のことである。

居間式住宅の成立は、近代住宅史上画期的なことであり、その成立に至る経緯は、キーマンの一人である西村の活動を通して見ると、より一層明快に理解することができる。

筆者は西村の建築活動について多くの方々の協力を得て研究し、幸い学位論文としてまとめることができた。本書はその論文を基として、主に彼の住宅改良に関わる分野について紹介したものである。

なお、本書のタイトルを『西村伊作の楽しき住家』としたが、この「楽しき住家」という語句は、先にあげた彼の著書名から採ったものである。この語句の中に彼の主張する住宅のイメージが凝縮されていて、それゆえ彼の住宅改良活動を紹介する本書のタイトルをこのようにした。

西村伊作の楽しき住家　大正デモクラシーの住い――目次

THE HOUSES OF ISAKU NISHIMURA

The movement of housing improvement during the Taisyo period (1912～1926)

Summary

He was born in Shingu, Wakayama Prefecture, Japan, in September 1884. He was named Isaku after Abraham's son. His parents were devout protestants. But they died in the Noubi Earthquake, when he was seven years old. After that,he was brought up by his grandmother and his uncle Seinosuke Oishi.

Nishimura was especially influenced by Oishi. He was a doctor, who graduated from the medical department of Oregon State University. Oishi was interested in American modern culture; meal,houses,and so on. It was the most advanced new way of life in the world. He was interested in socialism, too. So he became a socialist.

Nishimura evaluated American bungalows highly. They had a living room that was most important in a house, and were simple and economic. Because in a Japanese house, the guest room occupied a lot of space. So domestic life was sacrificed. And Japanese houses were expensive, so most people could not have their own houses. He built a small bungalow in Shingu, that imitated on American one, in 1906. It was the first American bungalow in Japan.

He published a book, titled *"Tanoshiki Jyuka"*. It means "the house for a sweet home". In this book, he introduced western houses. And he insisted that the living room be the most important room in a small house. This book created a great sensation. After it was published, the same insistence appeared one after another. This book triggered the house with a living room in the center. Now in Japan, most of the new houses are western style and have such a plan.

He established Nishimura Architects Office in Kobe and Tokyo in 1921. He designed many houses and some churches, schools, and offices. He made efforts to spread those houses throughout Japan.

In addition to his work in housing improvement, his important work was in education. He established a high school and college, named "Bunka Gakuin" in Tokyo in 1921. His education policy was liberalism.

He was a pioneer of housing improvement, and liberal education in the Taisyo period (1912～1926). His achievements were great. During the Taisyo period, many people claimed democratization and modernization in politics and many other fields. Nishimura was active in such an atmosphere.

第1章　バンガローの移植

(1)　我が国最初のバンガロー：居間式住宅

日露戦争が終結した翌一九〇六（明治三九）年、彼は生まれ故郷である和歌山県新宮町（現在の新宮市）*の小高い丘の頂近くにバンガローを建築した*。

これが今日報告されている我が国のバンガローで最も早期のものである。もちろん彼は自分のものが我が国初であるということは知る由もなかったであろう。彼二二才の出来事であった。

今日、バンガローというと海辺や林間のキャンプ場などに併設された極簡単な宿泊施設にすぎない。しかしこのバンガローの先祖、つまり明治末から大正にかけて米国から伝わったバンガローは、住宅をどのように改革すべきか国を挙げて模索していた大正期、今後の住宅の手本として輝いていたのだ。そしてこのバンガローに見られる居間中心の間取りは昭和になって戦後広く普及したのである。つまりバンガローは、今日

＊新宮市　熊野川川口に位置し人口三三〇〇〇人。古くは熊野三山の一つ速玉大社の門前町として、近世には丹鶴城の城下町として栄えた。近代では当地方の経済・文化の中心として繁栄した。著名人としては西村の他佐藤春夫、大石誠之助、東くめ、中上健次ら。

＊筆者がこの年と認定したのは、自伝『我に益あり』に、シンガポールから帰国してからの建築であること、結婚が決まっていないとき

であること、などからである。帰国は一九〇五年末から一九〇六年と見られ、結婚は一九〇七年三月であるから、建築は一九〇六年とみてまず誤りはあるまい。

我が国の住宅の祖形であり、それを最初に建築したのが西村なのである。

さて西村が建築したのは米国伝来のバンガローであるが、我が国に伝わったバンガローにはもう一つの系統がある。それは幕末から明治初期にかけて南方経由で欧米人によってもたらされたもので、よく知られたところでは長崎のグラバー邸などがある。これら南方経由のものは我が国の住宅にそれほど大きな影響を及ぼすことはなかったが、一方のちに伝わった米国のものは、その後の我が国の住宅に大きな影響を与えるものとなった。

米国では一九〇〇年代初頭カリフォルニアを始めとして全米にこのバンガローが大流行していた。この多くが平屋で、外観はゆるい傾斜の屋根を持ち、無駄な装飾は極力省かれ、簡素な造りを特徴としていた。平面はリビングルームを中心に構成され、玄関はなくベランダから直接リビングに入るもので、客間なども重視されなかった。これらのことからもわかるように格式張らない住宅であって、都会の雑踏から離れた自然豊かな郊外で実質本位の簡易生活・シンプルライフを実践するための住宅であった。

このような米国のバンガローが明治の末から大正にかけて我が国に紹介され、今後の新しい住宅の手本とされたのであった。

さて、西村のバンガローの歴史的意義を明確に理解するためには、明治以降の住宅史を理解しておかねばならないが、詳しくは次章『楽しき住家』の出版」に譲るとして、ここでは簡単に触れるに留めておこう。

明治の後半となっても一般の人々の住宅は江戸期のものとさして変わらないものであり、それは武家の伝統である主人とその客を過度に重視し、間取りは客間を中心としたものであった。そのため家族の日常生活の場は条件の悪い場に押しやられ、家族それぞれのプライバシーはないに等しかった。住宅洋風化は富裕層を中心に徐々に進んでいったが、それも接客部分のみに留まっていた。

大正の初期になって「中廊下式住宅」と呼ばれる新しい住宅が成立し広く普及する。これにより家族の住環境はある程度向上するが、客間・応接間を最重視することには変わりがなかった。

今日の住宅のように家族が集う洋風居間を最重視し、その部屋を中心とする住宅：「居間式住宅*」が公式にデビューしたのは、大正デモクラシーが最も高揚していた大正の後期である。先ほど紹介した西村のバンガローはこの形式の住宅の萌芽なのである。だから彼のこの行為は住宅史・文化史上特筆すべき出来事である。

もちろん彼は、偶然これを建築したわけではない。彼はこの当時から既にこの形式の住宅を民衆のための住宅として注目していた。いわば実

＊居間式住宅　藤森照信東大教授が命名したもの。居間中心形住宅とも呼ばれる。平面プラン上では、家族が用いる居間がその住宅で最も広く、かつ日照等条件の良い位置を占める、洋風住宅といえる。

験住宅であったのだ。これらのことはまた先で述べよう。

では西村のバンガローとはどのようなものであったのか紹介する。

この外観と平面図は彼の著書『楽しき住家』（一九一九年）に掲載されたものである。この書の説明によると、屋根は厚手の紙にアスファルトを染み込ませた米国製ルーフィングペーパー*をふき、外壁は上部に杉の荒皮を取り去りシングル*に似せた材料を用い、下部は荒い仕上げの塗り壁を用いている。窓は〝上げ下げ窓〟である。

平面は、八帖大の居間兼食堂、四・五帖大の書斎兼寝室と寝室、それに台所である。この居間の前にはベランダがあり、ここから直接居間に入るようになっている。便所は別棟である。

当時米国ではバンガローなど小住宅の平面や外観をまとめたパターンブックと呼ばれる書籍が数多く出版されていて、その一冊の中に西村のバンガローに非常に似た平面を持つものも紹介されている。また彼自身もこの小住宅をバンガローと呼んでいることから、彼の小住宅は米国のバンガローを手本にして建築したものであることが分かる。

西村はこのバンガローを、築後約二年ほどで現在の西村記念館のある新宮の伊佐田に移築増築し、彼はここで新婚生活を送ることとなる。この当時の写真が残されており、彼のバンガローの様子を窺うことができ

*ルーフィングペーパー　厚手の紙やフェルトにアスファルトを浸み込ませた簡易な屋根葺き材料。

*シングル　北米の建築などでよく用いられている屋根や外壁を葺くための薄い板。

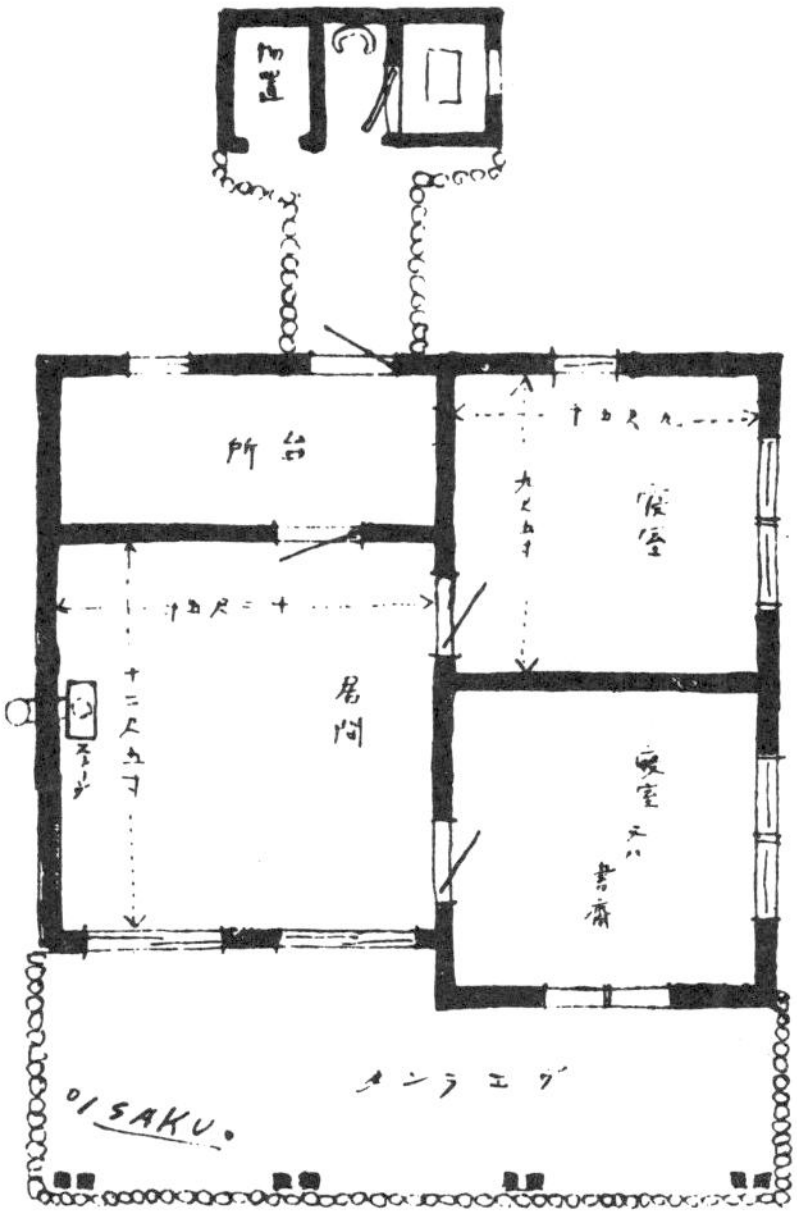

西村のバンガロー（1906年） 外観、平面

る。

この写真は移築されたバンガローのベランダ前で撮影されたものであるが、ベランダ付近は移築前のものと同一である。バイクは欧州経由で米国へ行った際持ち帰ったもので、彼はこのバイクで大逆事件*で逮捕された叔父・大石誠之助に面会するため東京まで行くこととなる。

　さて、彼はバンガローを今後の日本人の住宅に相応しいと考えていた。彼のこのような主張で最も初期のものは一九一五（大正四）年、彼が出資して出版していた雑誌『科学と文芸』*に掲載された「バンガロー」がある。また、同文は翌年、雑誌『住宅』*にも掲載されている。

　これらに掲載された「バンガロー」には、その後の彼の住宅改良についての主張がほとんど含まれている。ではこの主な内容について彼の記述をまとめておこう。

　先ず、米国のカリフォルニアを中心にバンガローが大流行していることを紹介した後、「日本人が追々世界共通の風俗習慣に従はねばならないのは分り切つたことであるが……」

「我々日本人が生活を世界的にするため、住宅を改めて洋風にするのには、此のバンガローが最も都合のよいものだと思ふ、今迄我国で西洋館と称して建てられたあのペンキ塗りの、四角な家は全く我々日本人の

＊大逆事件　一九一〇（明治四三）年、天皇暗殺を企てたという理由で全国で二六名が逮捕され、二四名に死刑判決が下された（恩赦により一二名は無期懲役に減刑）。日清日露戦後社会矛盾が激化し、政府は国家体制の変革を目指す動きが強まることを恐れ社会主義者らを激しく弾圧し、この事件が捏造された。

＊『科学と文芸』　大正期民衆芸術運動の論客、加藤一夫（一八八七〜一九五一）に西村が出資して創刊した雑誌。一九一五〜一九一八年まで発刊。

＊『住宅』　住宅専門会社「あめりか屋」を創設した橋口信介が、一九一六年に組織した「住宅改良会」の機関紙。この雑誌も大正期の住宅近代化に非常に大きな役割を果たした。

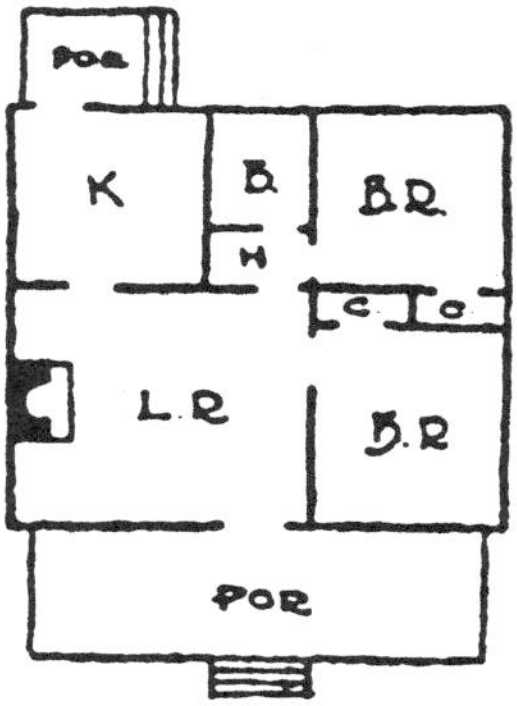

LR：リビングルーム
BR：寝室
B：浴室
K：台所
H：ホール
Por：ポーチ

米国のパターンブックに見られるバンガロー
C.E.Schermenhoun *"Bungalows, Camps and Mountain House"*
(The William T Comstock Co.)
この書にはバンガローの平面を22例あげている。ここに示したのは最小の例である。

ベランダの前での家族写真
左より西村、妻光恵、右弟眞子
前　長女アヤ、長男久二

趣味に反した、雅致のない、いやな感じのする、周囲と調和のないものであるが、バンガローは殆んど凡ての点が日本人向きで、我々の趣味と共通する、いや、バンガローの大部分の意匠が日本の建築からヒントを得て出来たもので、其の外観は全く日本家屋である。」

「米国の真の意味のバンガロー式住宅は、普通に、四つか五つの部屋を有つて居て、玄関がなく地下室も二階もない。其特徴は単純なる直線の配合、広く拡がれる屋根、大きな風通しの宜い多くの窓、大きなポーチ即ちヴェランダ、それから出来る丈け簡単な木工で家の外面は全く鉋のかゝらぬ荒木のまゝで出来て居る場合が多い。……」

「……間取りの最も簡単なのは、居間（リビングルーム）、食堂及台所を兼ねた大きな一室と、一個又は二個の寝室とでよい。バンガローは応接室なしに、リビングルームの可なり大きな室で食堂も書斎も兼ねるのが多い、そして、ポーチ又はヴェランダより直ちに其リビングルームに入る様になって居るため、ホールが要らず、ポーチがホールの代用をする……」

「ルネツサンスとか何とか、昔の西洋作りの真似計りして居る計りではなく、洋風の建築へ日本人の持っている善い理想、形式を加えて、日本特有の世界的建築形式を作ったらよいと思う。」

この記述から彼が主張するバンガローは、玄関がなくポーチから直接広いリビングルームに入り、この部屋を中心とした間取りであって、応接間等は重視しない住宅である。また、外観は我が国の在来住宅と共通点が多いと述べている。そしてこれらを基本にして新しい日本の住宅を創造しようというのである。

筆者は西村の一九一五年のこの小論が、我国における最初期の居間式住宅の主張ではないかとみている。よく知られているバンガローについての記述としては清水組技師長であった田辺淳吉が『建築雑誌』[*]上で発表した「西豪州の住家」(一九〇八年)がある。しかしこの論文で田辺は、バンガローの平面を示し食堂や台所の位置は明記しているものの、家族が集う居間の位置を示していない。つまり彼は居間式住宅としてのバンガローを主張しているのではないのである。その他バンガローの紹介としては、一九一四年、遠藤於菟による設計図集『和洋建築設計図会』があるが、単に紹介するに留まっている。

つまり印象的なことは、西村は非常に明快に居間式住宅としてのバンガローを今後の住宅の手本として主張していることであり、それに対して、他の建築家は間取りについての主張を回避しているといえるのである。接客本位の間取りから家族本位のものへの転換には、越えるべき非常に高い心理的な障壁があるが、このことを考えると当時の建築家がそ

* 『建築雑誌』 建築学会の機関誌。建築学会は一九四七年より日本建築学会。

の主張をためらっていたことは当然とも言える。この傾向はその後も続くこととなる。

また西村のこの記述の中で、バンガローが「世界共通」の住宅となることを、彼は明確に意識しているが、このことは興味深い。近年、グローバルスタンダードなる言葉をよく耳にするが、大正時代、一部の人によってではあるが既にこのような言葉が使われていたのだ。

近代建築は地域性、歴史性を否定し普遍的な存在、つまり世界共通であることが特色であるが、西村も極めて早い段階でこの近代建築の重要な思想を身に付けていたことが確認できる。彼はこのことについて何も語っていないが、世界宗教としてのキリスト教や、世界思想としての社会主義の洗礼を既に受けていた彼にとって、住宅も世界共通化することは理解し易かったに違いない。

(2) 青年期まで

ここまででも、西村がただならぬ人物であったことは少しは感じられたであろう。では第2章に進む前に彼の生い立ちを紹介しておこう。

もちろんこの節を後回しにしても差し障りはない。しかし既に読者は、彼のような辺境に住む無名の青年が、なぜ我国の住宅改良の先駆者として活躍できたのか、理解に苦しんでいるのではないだろうか。そこで彼の本格的な活躍を紹介する前に、彼の青年期までをまとめ、読者の疑問にヒントを示しておきたい。

彼は一八八四（明治一七）年、和歌山県の新宮（現在の新宮市）で、大石余平・ふゆの間に生まれた。

一八八〇年代というと、明治新政府の様々な新制度が一応整備され、末にはいよいよ帝国憲法が公布される。当時政府の重要な課題の一つには不平等条約の改正があり、それに関わって彼が生まれる前年、日比谷に鹿鳴館が建築された。いわゆる鹿鳴館時代、欧化主義の時代である。建築界の同世代の人物としては、国内では一八八〇年、西村と並ぶ住宅改良の重要なキーマンである東京帝国大学教授・佐野利器が生まれ、世界に目を転じれば一八八三年にはグロピウス*が、一八八六年にはミース*が、一八八七年にはコルビュジェ*が、まさにきら星のごとく近代建築で活躍した巨匠たちが誕生している。

彼が生まれた新宮は、黒潮洗う本州最南端潮ノ岬に程近く、熊野川の河口に位置している。半島ゆえに交通の便は悪く当時は陸の孤島とも呼ばれ、例えば彼が活発に中央と交渉を持ち活動し始めた大正中期でも、大阪へは船便しかなくそれも一五時間程度は必要であった。しかし新宮

＊W・グロピウス　Walter Gropius（一八八三〜一九六九）ドイツの建築家。国立の建築造形学校・バウハウスの初代校長として近代建築の指導にあたった。その後渡米しハーバード大学教授に就任し活躍した。バウハウス校舎は代表作。

＊ミース・ファン・デル・ローエ　Mies van der Rohe（一八八六〜一九六九）ドイツ生まれ。ドイツ、アメリカで活躍。バウハウス校長を勤めたが、ナチスの圧力による閉鎖後は渡米し、近代オフィスビルの形式を確立した。代表作はバルセロナ・パビリオン（一九二九年）、ファンズワース邸（一九五〇年）レイクショアドライヴ・アパートメント（一九五一年）ほか多数。

＊ル・コルビュジェ　Le

Corbusier（一八八七～一九六五）　スイス生まれ、フランスの建築家。近代建築の巨匠の一人。一九二八年、CIAM（近代建築国際会議）の結成で中心的役割を果たす。代表作品はサヴォア邸、ユニテ・タビタシオン、ロンシャンの教会堂、チャンディガルの都市計画など多数。

は、古くは紀州藩の家老水野家三万五千石の城下町であって、温暖多湿な紀伊半島の豊富な山林から切り出される紀州材や、当時の重要なエネルギー源であった紀州備長炭の集散地として栄えた。また、この地は熊野信仰の聖地の一つ、熊野速玉大社の門前町でもあって、平安の昔より貴族から庶民に至るまで「蟻の熊野詣」と称されるほど多くの参拝客を集めた。このように新宮は僻地であったが経済的・文化的に繁栄した歴史を持っている。

彼の生家大石家は武家や富豪ではなかったが、教育者や医師を多く輩出した学問を尊重する家柄であった。一方母方の西村家は奈良県の南部、熊野川の上流に位置する山深い下北山村の大山林家であって、彼が西村姓を名乗るようになったのは幼くして母の実家西村家に後継者として養子に入ったからである。彼が後に私財を投げ打って文化学院を創立し、また住宅改良の啓蒙活動を行ったのも、彼の才覚に負うことはもちろんであるが、大石家の家柄、また西村家の財力に負うところも大きく影響していることも事実である。

彼は後年、自分に大きな影響を与えた人物として父大石余平、祖母西村モン、叔父大石誠之助らを挙げている。以降これらの人物を通して西村の青年期までを見てゆきたいと思う。

熱心なキリスト教徒、父大石与平

実は西村がまだ幼い七才の時、両親は移り住んでいた名古屋で濃尾地震によって死亡している。それまでの期間を概略的にいうと、三才の時母の実家である西村家に養子として両親と共に入るが、父のキリスト教信仰に関わって様々なトラブルがあり再び新宮に戻る。その後一家で名古屋へ転居しそこで震災に遭うこととなる。

このような経過をたどることになるが七才までの記憶というと一般にはそう明確なものがあるはずもなく、父から強い影響を受けたといっても恐らく、以降に近親者から聞いたことから父親像を構築したものと筆者は想像している。しかしその事はかえって彼の理想の人間像を知る上で幸いともいえる。

彼は自伝『我に益あり』で父のことについて次のように述べている。

「私は私の父の遺伝を自然に受けついでいると思うばかりでなく、意識的に父の行為や思想を守って生きようとする。私の父はこんなことをすることが好きだったからと、私もそれを好きになり、父がきらいだったと思うことは私もそれはしない。そうゆうふうに何事につけても死んだ父の心に従い、父の霊に許しを受けて事をしたいといつも考えている。」

このように西村は父余平を大層尊敬し、父の生きかたを自分の活動の指針にしたいと考えていたのである。ではこのような父とはどのような人物であったのだろうか。

西村の名は伊作であるが、これは父余平が、聖書にあるアブラハムの子・イサクにちなんで命名したものである。彼には二人の弟がいてその名は真子（マルコ）と七分（スチィーブン）である。このことから分かるように父余平は熱心なキリスト教徒であった。余平は西村が誕生する前年、米国カンバーランド長老教会宣教師、A・D・ヘールより洗礼を受けた。

大石家は比較的自由な、この宗教に寛容な家風があった。藩主の息子もまだ切支丹禁制の高札が撤去（一八七三年）される前から受洗しているることから、紀州新宮という土地もそうであったのかもしれない。

また、余平自身も漢学の素養豊かな教養人であったが、その教養と当時米国から伝道されたキリスト教とは水と油のようなものではなく、清廉潔白な宣教師らの教えは彼らにとって共感できるものであったといわれている。そして、先にも述べた欧化主義のこの時代、余平のみならず多くの人々がこの宗教から垣間見る西洋社会の優れた技術や新しい倫理に魅力を感じたに違いない。恐らく人々は崩れ行く封建社会を見て、来るべき社会の中心思想をこの宗教に見たのであろう。

大石与平とその一家
前列左より伊作、眞子、七分
後列左より一人置いて父与平、祖母モン、母冬

余平は受洗半年後、宣教師ヘールの指導の下に九人の信徒と共に新宮教会を組織し、自ら長老となった。そして彼は極めて熱心に伝道に力を尽くし、教会のために働いた。これらのことも西村の自伝で綴られている。

余平は日常生活の改善にも熱心に取り組み、子供たちには洋服を着せ、パンを焼き牛乳を飲むことを始めた。彼は家族や教会員ばかりではなく一般の人々のためにも献身的に働き、乞食の少女を家に連れて帰り立派な娘に育てようとしたり、新宮が大洪水の際には漁師を説得して四㎞の峠道を越えて船を運ばせ人々の救出に当たった。

父の生業は新宮では木材の販売、西村家のある下北山では山林の管理、また転居した名古屋では亜炭の採掘販売などを手がけていた。キリスト教の布教には様々な困難が待ちうけていたが布教に強い意志を持って取り組み、生活の洋風化にも極めて熱心であった。

西村は七才までこのような父のもとで育てられた。彼は父が行動を共にしたであろう宣教師らの活動も高く評価していた。彼の自伝には次のように記述されている。

「……宣教師らは実に質素な、そして不自由な生活をしていた。……不便なことを忍びつつ道を伝えるという宣教師の生活を私達は考えてみると、実に神々しく、そして立派に感じる。ぜいたくな文明生活をする人を見るよりも、このようなシンプルライフを持つことが人間としてよい生活で困苦の中にも心の幸福が多いと思う。しかし宣教師らはその生活の内にもアメリカの文明というものを持っていて、宗教のこと以外に、文明人の生活法、衛生や医学の知識、衣食住の改善、それらを日本人に伝えようとしていた。私は今でも、……人間の生活はその時代の宣教師のような生活をしたならば、物質と精神とのよい調和のある平安なこころもちを得る生活になるであろうと思っている。」

彼はキリスト教徒としての父や宣教師の行為に尊敬の念を持っていた。恐らく彼は、宣教師らがキリスト教を布教するように、自分は生活改善・住宅改良の宣教師たらんと考えていたのであろう。

さてキリスト教といっても様々であるが、余平が受け入れたキリスト教とはどのようなものだったのか興味のあるところである。このことについてまとめておこう。

A・D・ヘールは米国カンバーランド長老教会から派遣された宣教師であったことは先に述べたが、この教派は、プロテスタントの主流の一つである米国長老教会から分離独立したものである。当時我国の伝道に当たっては長老派や改革派他が結集して日本基督一致教会を結成し宣教活動に当たっていた。このような事から余平のキリスト教理解を探るためには長老派について知ることが適当であると思う。なお余平らが興した新宮教会は現在では日本基督教会新宮教会として活動を行っている。

長老教会は一六世紀スイスを拠点として始まったカルヴィンの宗教改革の流れを汲む教派である。宗教改革は既にドイツにおいてルターが先行し、両者は教義上の立場はほぼ同じであったが、カルヴィン派の実践的性格と生活や社会の新秩序をめざす態度はルター派に増して厳密であった。

英国においてカルヴィニズムを奉信する人々らが一六世紀後半から一七世紀にかけて、プロテスタントでありながらカトリックの形態を多く残していた英国教会に対し徹底した改革を求め、一六四九年ついには国王を処刑し共和政治を実現させた。これをピューリタン革命（清教徒革命）、革命を推し進めた人々をピューリタンといい、彼らの宗教思想や生活信条をピューリタニズムと呼ぶ。

その後王政復古により彼らは政治力を失い分裂し、まとまった実態としての姿を消すこととなるが、革命前後に新天地を求めてアメリカ・ニューイングランドに渡った人々によってその精神は受け継がれ、米国建国の礎となり、その後の米国文化の形成に大きな役割を果たした。このピューリタンの流れを汲む主な教派の一つが米国長老教会である。

この長老派つまりピューリタニズムの具体的傾向としては、(1)徹底した聖書主義、⑵説教と牧会による生の改革をめざす、⑶厳しい自己検討を行い清い生の実現——具体的には日曜休日の厳守、一夫一婦制、禁酒禁煙、偶像の排斥、⑷社会全体の改革の志向、などである。

余平のキリスト教入信後の生活はこの宗教に則った生活であり、西村はこのピューリタニズムを非常に大きな影響を受けていたと考えられる。

西村家の主、祖母モン

彼女は西村家の実質的な主人である。西村は七才で両親を亡くした後、母方の祖母モンに引き取られ再度西村家に入った。彼は二三才で結婚しその翌年新宮に居を構えるまでの間、この地でモンと生活を共にした。もっともこの間、広島の中学で学び、またたびたび大石誠之助を訪ね新宮での日々を送ったという。

西村家のある奈良県下北山村は熊野川の支流である北山川の流域にある山深い村であり、道路が整備された今日でこそ新宮から車で約一時間であるが、当時は多くを徒歩で行かねばならず二日がかりの行程であったという。この地で西村家は村一番の山林家であり、材木の取り引きを通じて新宮とは深い繋がりを持っていた。

名古屋での教育熱心な両親との生活から、一転して山深いこの村での祖母との生活は彼を大いに戸惑わせたことは想像に難くない。しかし彼はここでの生活においても積極的な意義を見出している。

モンは父余平や叔父大石誠之助のように新しい宗教や思想の感化を与えたわけではない。いわば当時としては普通の無学な女性であったが、意志の強い、目的に向かって粘り強く努力する女性でもあった。このようなモンは西村をして「偉大な人物」と言わしめたのであった。

彼がこの地で得たものは少なくなかった。それはモンの生活を通してみる山村の虚飾のない実質本位の生活と、質素であるが魅力的な住いの発見であり、この二つはその後の彼の主張の中心的な事柄と密接に関わることとなる。つまり、後になって欧米からの最新の知識「簡易生活」*や「バンガロー」に触れた時、類似のものが我が国の伝統的な山村の生活の中に存在していることを知っていた彼は、これらが決して日本人にとって異質なものでない、受け入れることが出来るものであることを容易に理解し得たのである。

彼はその後も民家に注目し、居間中心の平面を持つバンガローと我が国の伝統的な民家を融合して、新しい日本の住宅を創造しようと考えていた。彼は雑誌『明星』*に「明星の家」と題して一連の住宅プランを発表しているが、その中に「山里の家から取った家」（一九二二年一月）というものがあり、次のように述べている。

「田舎の百姓の家や、山間の杣人の住家の中に、時々強く私の心を引

＊「簡易生活」 Charles Wagner（仏）の著書『La vie simple』の訳――一九世紀末欧米で大きな反響を呼び、我が国でも同名の雑誌が上司小剣らによって一九〇六年より発刊された。

＊『明星』 詩歌雑誌。第一期（一九〇〇～八）は東京新詩社から発刊。ロマン主義文学運動の中心として位置付けられる。第二期（一九二一～二七）は西村も深く関わった。いずれも与謝野寛主宰。「明星の家」が連載されたのは第二期のもの。

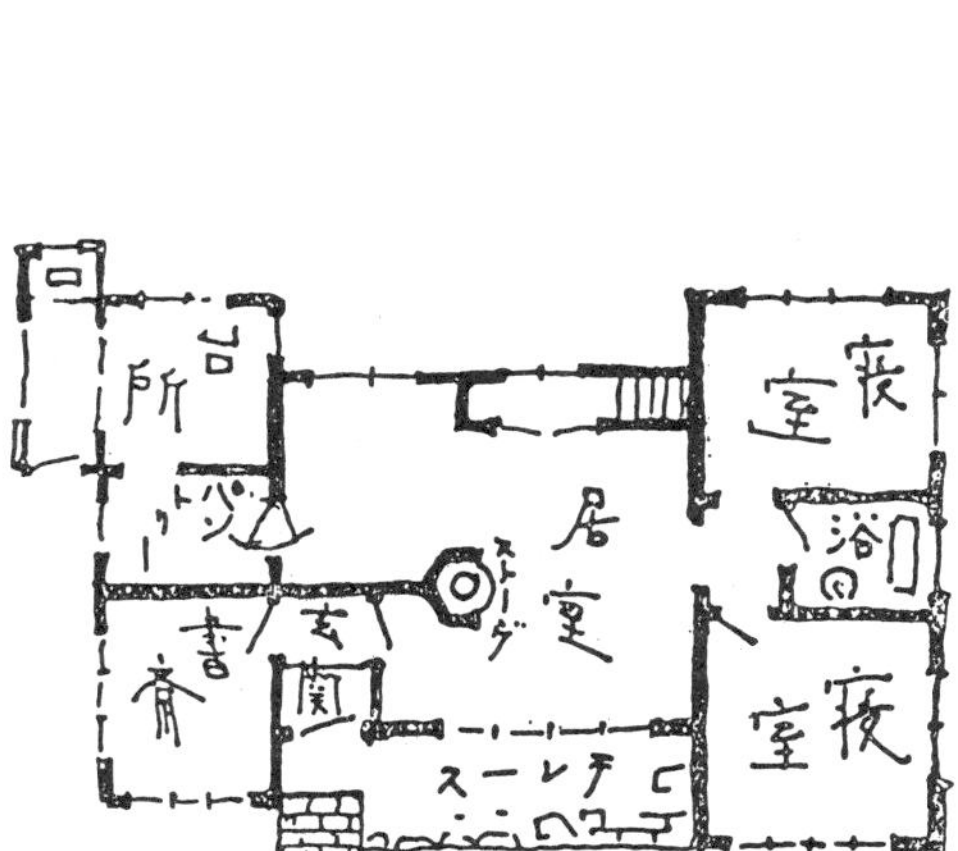

「山里の家から取った家」その外観と平面

き付けるものがあります。……幼い時の記憶の多くはこの山里の物事と、この山里から都へ出るために歩かなければならぬ山道の風景と、路傍の民家です。

私は殊に卑しい民家を愛します。……それは決して美術的に心を用いて建てたものでなく、ただ雨露を防ぐためにやうやく出来ただけのものです。けれどもそれは其の土地の自然に生へた家なのです。そこに住む人を柔らかく抱き、心地よい眠を与へる家なのです。決して人に見せるためでなく、土地を飾り、栄華を誇る野心は少しも無いのです。それだのになぜ、私にこんなに美しく感じさせるのでせうか。……今後の我々の住家、新しい生活を容れる建物の様式をこの民家から取らねばならないと思うのです。」

このように彼は下北山での民家との出会いが、その後の民家との関わりの原点になったことを述べ、今後の新しい住宅にその意匠を用いようと考えていたのであった。

我が国における民家への注目、民家研究の歴史をたどると大正から明治末まで溯ることができる。よく知られている民家研究の書にはその古典とまでいわれている今和次郎*著『日本の民家』（一九二二年）がある。この書は今が柳田国男*らの民家研究グループ「白茅会」の一員として研究に携わり、その後の成果を合わせてまとめたものである。この書の中

*今和次郎　こん　わじろう（一八八八～一九七三）青森県生まれ。フィールドワークを重視した研究方法で民家論、考現学、生活学などを学問として体系づけた。東京美術学校図案科卒。早稲田大学建築学科教授。代表著書『日本の民家』（一九二二年）。

*柳田国男　やなぎたくにお（一八七五～一九六二）兵庫県生まれ。民俗学者。多方面に活躍したが、日本民俗学会の創始者としての功績は大きい。東京帝国大学法科大学政治学科卒。代表著書『遠野物語』ほか多数。

には「紀州熊野の民家」と題して新宮近くの那智谷の民家についての報告があり、文中で西村から民家を紹介され調査したことが記されている。

西村は次に紹介する叔父大石誠之助のはからいで、梅花女学校を卒業して組合教会派の牧師に嫁いでいた叔母睦世を頼って広島の私立明道中学校へ入学した。卒業後はモンの願いもあって上級学校へ進学することなく、下北山に帰郷し、そして、大学の講義録や、東京の丸善から様々な洋書を取り寄せ知識を得る日々を送ったという。

米国帰りの医師、大石誠之助

西村は一九〇三年、広島での中学校生活を終え下北山の西村家に帰った。しかし山村での生活は彼にとってあまりにも刺激のないものであった。一方誠之助は一九〇一年、米国留学から帰国して新宮で医院を開業していた。誠之助は、放蕩生活を送った自分に物心両面の援助をしてくれた亡き兄余平に対して深い恩義を感じていたため、兄の遺児である西村を親代わりとなって育てることを自分の義務と感じていた。このようなこともあり西村は誠之助の住まう新宮をたびたび訪れ生活を共にし、彼から社会主義や米国の進んだ生活文化など様々な刺激を受けることとなった。

ではその誠之助とはどのような人物であったのか紹介しよう。

西村の父余平には四人の弟妹がおり、その中で誠之助は末の弟である。彼はオレゴン州立大学で医学を学び学位を得、さらにモントリオール大学で外科学を学び帰国し数年間新宮で医院を開業した。その後、シンガポールおよびインドのボンベイへ赴き伝染病の研究を行い、一九〇一年帰国後再び新宮で開業したのだった。

彼は、時の政府が社会主義者を一毛打尽にしようと図った事件、いわゆる大逆事件で刑死（一九一一年）した人物である。彼についてはこの大逆事件に関わって語られることが多い。しかし彼の理解に当たって注意すべきことは、当時の社会主義者は単に政治面のみではなく、日常生活など幅広く社会のあらゆる面の改革をめざしていたのであって誠之助を見る場合も多面的に見る必要がある。

彼には多方面にわたる多くの論稿があり、料理、服装などの生活文化の啓蒙から、国家社会や家庭の批判、社会主義、医療問題、外国文献の紹介、随筆など多岐にわたっている。彼はこれらを『平民新聞』*『家庭雑誌』*などの中央の雑誌や地方新聞などに発表している。

誠之助が活発に執筆活動を開始した一九〇〇年代初頭、つまり西村が中学を終え帰郷した頃は、我が国においても組織立った労働運動や社会主義運動が開始された時期である。

一九〇〇年には社会主義協会が結成され、それを母体に我が国初の社

＊『平民新聞』　週刊『平民新聞』（一九〇三～五）我が国最初の週刊社会主義新聞。日露非戦を主張。明治期社会主義運動に非常に大きな役割を果たす。発行所は幸徳秋水、堺利彦らの「平民社」。

日刊『平民新聞』（一九〇七年）　週刊『平民新聞』が発禁となった後、再度平民社が組織され、日刊として創刊された。日本社会党機関紙の役割も担った。

＊『家庭雑誌』（一九〇三～九）　堺利彦の創刊。家庭問題を軸に婦人の解放と社会主義を啓蒙した。大石誠之助も本誌に多くの西洋料理、和洋折衷料理の調理についての記事を執筆している。

大石誠之助

会主義政党である社会民主党が結党（一九〇一年）された。この党の結成の中心となった人の多くはキリスト者であって、平和主義、平等主義、市民的自由の獲得を掲げ、社会主義は遠い理想と考えられた。しかしこの党はすぐさま禁止となった。

一九〇三年には幸徳秋水、堺利彦、内村鑑三らが日露開戦を目前にして開戦論に傾いた『万朝報』を退社した。その後幸徳と堺は「平民社」を組織し、週刊『平民新聞』を機関紙として日露非戦、絶対平和、人道主義を訴え、社会主義運動は大いに盛り上がった。この頃の誠之助の論調も漸進的な社会改革をめざすものであった。

その後社会民主党禁止以来五年ぶりに「日本社会党」（一九〇六年）が結成され、社会主義政党が復活する。この党の党則第一条には「国法の範囲内において社会主義を主張する」と定められた。

この年には渡米していた幸徳秋水が無政府主義者となって帰国し、その後の社会主義運動に大きな影響を及ぼすこととなる。一九〇七年の社会党大会では幸徳の影響によって「国法の範囲内において」が削除され「本党は社会主義の実行を期す」と改められ、このことで政府により結社禁止となった。この頃、誠之助は幸徳や堺に資金援助を行い、彼らも新宮を訪れ交流を深めてゆく。

一九〇七年は西村が結婚した年であって、誠之助は西村が山林家の後継者であることへの配慮から、これを機に両者は互いに距離を置くようになった。

その後のことを簡単にまとめておくと、日露戦争に際しては非戦のもとに団結していた社会主義者らは分裂し、幸徳らのいわゆる直接行動派は特に政府の激しい弾圧を受けるようになった。それに対して幸徳らはさらに先鋭化し悪循環に陥っていった。そして政府の意図した社会主義者の一掃計画、大逆事件による一斉検挙と続き、誠之助もそれに巻き込まれてゆくのである。


さて当時の西村に目を向けてみよう。中学を卒業して約一年後の一九〇四年四月、彼は一ヶ月先に迫った徴兵検査までの間を「主義のために働きたし」と『平民文庫』の行商のために自転車で旅に出る。このことについて誠之助は週刊『平民新聞』に次のように寄稿している。

「余が甥に今年徴兵適齢の者がある。彼は幼くして大和なる某富者の家を継ぎ、近頃広島の中学を卒業した計りで、まだ浮世の風に当たらぬボッチャンである。しかるに何の因縁か、近年社会主義を信ずる事甚だ厚く、兵役に就くを忌む蛇蝎の如きにも係わらず、或いは一年志願兵となり、或いは官立校に倚りてその猶予を求むるが如き、富者のみが与り得べき得点を受くるを好まず。いやいやながら正直に法律に服従して徴兵検査に応ぜんとの決心をした。然るにその検査は今より大凡一ヶ月の後上市に行われるので、それ迄の間少しにても主義の為に働きたしとして、平民文庫の行商となり、近畿中国（出来得べくは）九州までもと、自転車旅行に出かけたのは昨日の昼時分であった。……」

この誠之助の記述は間接的ながら西村の気質や当時の心情を推し量れるものとして興味深い。

徴兵検査は奈良県吉野郡上市で七月に行われる予定であった。彼はその前に京都に住む弟を訪ね、そこで非戦論を訴えるビラを印刷し、それを配ったりもする。しかし結局、召集令状には応じることなくシンガポールへ行き、終戦までそこに滞在する。

帰国後、先に紹介したバンガローを建築し、程なく結婚し家庭生活に入り、彼の興味は生活改善・住宅改良や絵画・陶芸に向かう。その後は表立った社会主義に関わる活動の記録はない。彼は財産家であることから全く社会主義に没頭することは出来ず、シンパとなるより仕方がなかったと自伝で回想している。

しかしそうであったとしても、彼が青年期にこの思想の洗礼を受けたことは、その後の彼の活動に大きな影響を与えたに違いない。大正期において多くの知識人は程度の差こそあれ社会主義的傾向を持ち、建築界においても多かれ少なかれこの思想は一定の影響力を持った。

青年期の西村伊作　撮影年は不詳

世界に目をむけた場合、特に近代建築運動*においてこの思想との関係は密接である場合が多い。例えば、W・モリスはよく知られているように社会主義者であったし、近代建築の成立にとって重要な出来事の一つであるドイツ工作連盟が一九二七年にシュトゥットガルト近郊のヴァイセンホーフで開催した住宅建築展には、ミース、グロピウス、コルビュジェ、ベーレンスほか二〇世紀初頭の近代建築を担った建築家のほとんどが集まったが、建築家の多くは左翼的な思想の持ち主であったといわれている。

近代建築運動は、社会主義的な理想社会を目指す運動の一環という側面を持ち、特に民衆のための住宅は非常に大きな近代建築のテーマであったのである。このようなことからすると西村の活動は必然ともいえる。

話を誠之助と西村に戻そう。

先にも述べたように、当時の社会主義者は日常生活の改善を含め、幅広く社会の改革を求めた。当時の社会主義者が生活や住宅についてどのような改革を求めていたかは、第四章で詳しく述べたいと思うが、ここではそれに関して誠之助と西村の「太平洋食堂」について紹介して本章を終わりたい。

「太平洋食堂」は一九〇四年一〇月に新宮の船町、誠之助の自宅前に

*近代建築運動　近代が生み出した材料や構造の特質を生かして新しい社会に適した空間や造形を求める建築の改革運動。狭義には一九二〇年代を中心とする国際建築の動向をさす。

開店した、食生活改善啓蒙のための洋食堂である。この年は日露開戦の年であって、西村は『平民文庫』の行商の旅に出たり、徴兵を忌避しシンガポールへ旅行した年である。そして帰国後バンガローの建築に進む。従ってこの活動は西村がバンガローを建築する前段階の活動として注目すべきであり、当時の彼らがどのようなことを考えていたのか知る上で非常に興味深い。

ここにある写真を見ると、なにか西部劇の一シーンのようにも見えるが、西村の自伝でも、家屋は米国の田舎にあるような粗末な家を建て、自分が看板の絵を描いた、と述べている。さらに、この名称は新宮が太平洋に面していることと、平和主義者・パシフィストから名付けたという。

この食堂について『家庭雑誌』(一九〇四年二巻一〇号)では誠之助から平民社に届いた手紙を次のように紹介している。

「私事先月の初から急に思ひ立ち、当地に太平洋食堂と云ふ一つのレストランを設けんとて俄かに家屋の新築器具装飾の買入等非常にいそがしく、目下夜を日について働いて居ます。……

茲にレストランと云ふも普通の西洋料理店と違ひ、家屋の構造フヲルニチユーア(家具)の選択、内部の装飾等一々西洋風簡易生活法の研究を目安として意匠をこらし、中に新聞雑誌縦覧所簡易なる楽器室内遊戯の器具等を置き、青年の為清潔なる娯楽と飲食の場所を設くるにつとめつゝあります。其他日を定めて貧民を接待する事、家庭料理の稽古をさせる事なども重なる仕事の一つとする筈です。……」（括弧内筆者）

この誠之助の手紙からすると、彼は食生活の改善ばかりでなく欧米の簡易生活に関わる建築や室内装飾についても興味を持っていたことがわかる。誠之助から強い刺激を受けていた西村もこの世界にいたと考えられる。西村がバンガローを初めて建築する二年前の出来事であった。

以上のことで読者の方々には、なぜ西村が我が国最初の居間式住宅・バンガローを新宮で建築できたのか、おおよそご理解いただけたであろう。

太平洋食堂　左から２番目誠之助、３番目西村

第2章　『楽しき住家』の出版

(1)　『楽しき住家』の出版

西村伊作といえばこの『楽しき住家（じゅうか）』だそうである。戦後生まれの筆者にとってその感覚はないが、よほど大きな反響があったに違いない。

本章では彼の著述活動が我が国の居間式住宅成立に大きな役割を果したことを述べたい。

出版前夜まで

前章ではバンガローの建築（一九〇六年）までを主に取り上げた。『楽しき住家』の出版は一九一九（大正八）年であるから、まずこの間のことを簡単に整理しておこう。

一九〇七年　津越光恵と結婚。彼二三才の時。
一九〇八年　欧米旅行。米国へ行きたかったが直接入国できなかったため、欧州を経由した。期間は約六ヶ月間。欧州は主に伊仏英を回った。

一九〇八年　最初のバンガローを移築増築して二階建てとし、新婚生活を送る。

一九一〇年　大逆事件で家宅捜索を受ける。翌年誠之助処刑される。

一九一三年　画家石井柏亭*を自宅に招き共に創作を行なう。

一九一四年　日比谷美術館で個展開催。

一九一四年　自邸（現在の西村記念館）竣工。

一九一五年　雑誌『科学と文芸』創刊。この雑誌は西村が加藤一夫に出資したもの。

一九一五年　二科会に入選。

一九一七年　陶芸家富本憲吉*を自宅に招き共に陶芸を行う。

一九一八年　本年及び翌年、彫刻家保田龍門*を自宅に招く。

この中には記していないが、歌人与謝野寛は一九〇六年と一九〇九年に新宮を訪れ、その際西村は与謝野と接触している。西村の活動において与謝野夫妻は重要な役割を果たしており、この時から両者の交流が始まったものと考えられる。晶子も一九一五年に新宮を訪問している。

この期間の彼の活動を見ると絵画・陶芸・建築など実に多彩である。

＊石井柏亭　いしい　はくてい（一八八二～一九五八）　東京生まれ。洋画家。浅井忠に師事。保守的な文展から離れ一九一四年二科会を創立した主要メンバーの一人。長くこの会を主催し活躍した。石井は文化学院の創立時の重要なメンバーの一人でもある。

＊富本憲吉　みやもと　けんきち（一八八六～一九六三）　奈良県生まれ。陶芸家。東京美術学校図案科卒業後英国に留学、W・モリスなどについて学ぶ。その後陶芸の道に入る。B・リーチらと親しく交流。初期の民芸運動にも参加。戦後、京都市立美術大学学長。

＊保田龍門　やすだ　りゅうもん（一八九一～一九六五）　和歌山県生まれ。洋画家、彫刻家。東京美術学

保田龍門アトリエ　西村伊作設計（1924年）

校西洋画科次席卒業。前年二科展入選、翌年文展特選で注目を集める。戦後、和歌山大学教授。西村は保田の郷里でアトリエを設計している。

そして、その後の彼の活動を支えるブレーンというべき当時一流の芸術家や文学者らとの交流が始まっている。

建築の分野では特に自邸（西村記念館）（一九一四年）の建築が重要である。この住宅は米国の近代住宅を参考にして彼が設計し、地元の大工と共に施工したものである。この自邸が彼にとっての「楽しき住家」であって、この建築の経験やここでの生活改善の実践が、彼の主張の礎となった。いわば彼にとっては記念碑的な住宅といえる。この住宅については第5章で詳しく紹介する。

その他にもこの期間中の建築活動として、結婚生活を新宮で送るために最初のバンガローを移築増築（一九〇八年）したり、また弟・真子のためのバンガローを建築したりしている。後者については西村自身が設計したとの記述はないが、著書で詳しい平面を紹介していることや当時の状況から、筆者は西村によるものと判断している。このバンガローは那智勝浦町で残存している。

『楽しき住家』の出版

以上のような活動の後、いよいよ初めての著書『楽しき住家』の出版となる。出版元は当時キリスト教関係の出版社としては大手であった東京の警醒社《けいせいしゃ》である。

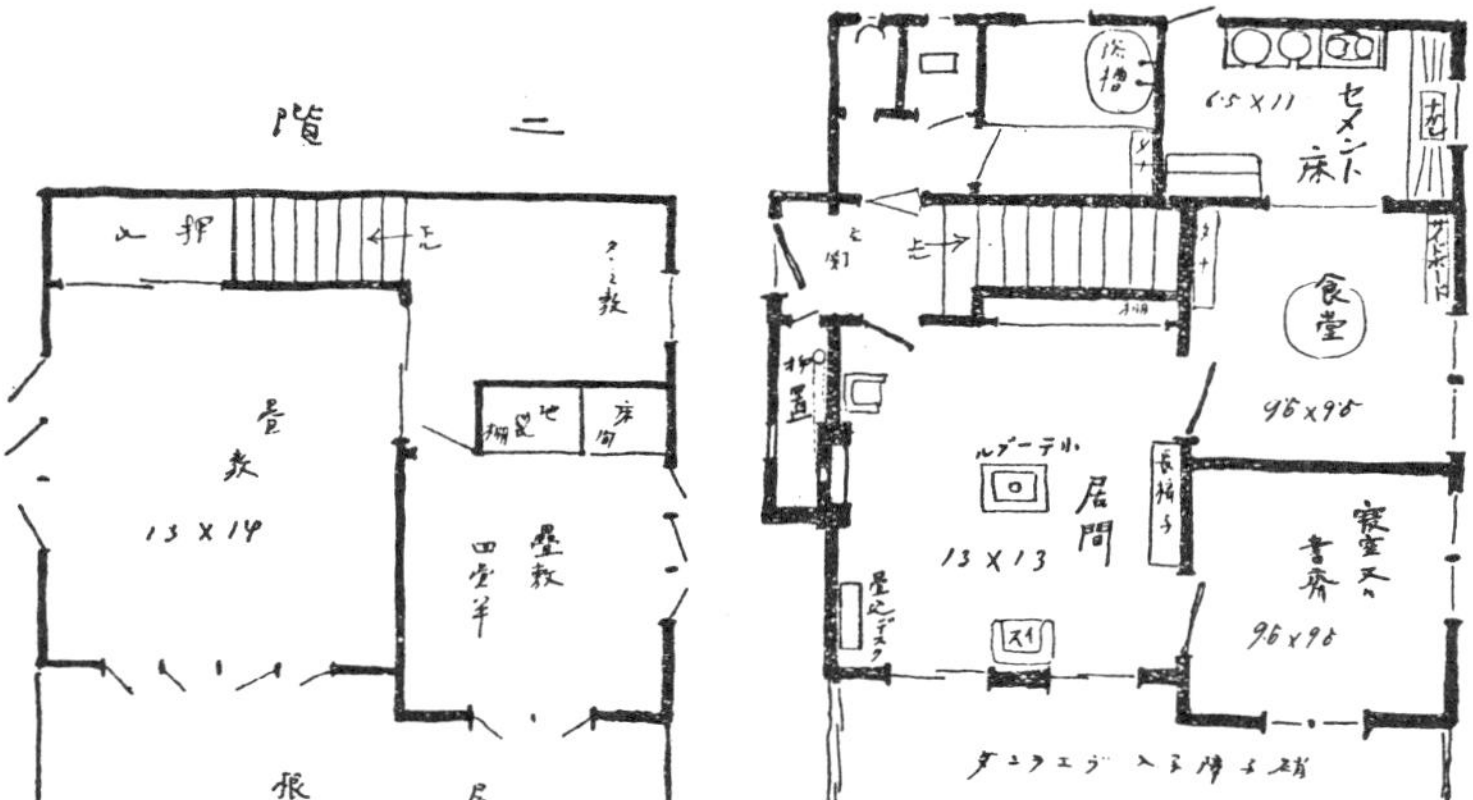

移築増築された西村のバンガロー 『楽しき住家』より
ここで新婚生活を送った。

彼は自伝でこの出版について次のように述べている。

「私は自分の家を建てるために建築の本をたくさん読んだから、建築のうちでも住宅のことに興味を持って、日本人が生活を改善して幸福な家に住むために、世界的に新しい家を作ることを日本人に教えなければならぬと思った。」

つまり彼は新しい住宅の伝道師たらんと考えたのであった。

この書が出版されるまでに我が国で出版された住宅建築書を見ると、この書名が極めてユニークであることがわかる。それは「楽しき」という言葉を用いていることによる。「住家（じゅうか）」という言葉も今日では目を引くが、これは当時全く使われない言葉ではない。この書の内容を紹介する前に、『楽しき住家』と名付けられたこの書名について解説しておこう。

実はこの「楽しき」という言葉は、当時のプロテスタントや社会主義関連の雑誌等で散見されるものである。我が国社会主義草創期の活動家の多くはプロテスタントであったことから、この両者にこの言葉が共通して見られることは不思議ではない。

維新以降我が国には米国から多くのプロテスタント宣教師らが来日していた。その中には多くの婦人宣教師らも含まれ、彼女らが生活改善と深く関わっていた。彼女らが伝えようとしたものは「クリスチャン・

ホーム」という理想の家庭であった。このホームは「スウィート・ホーム」とも呼ばれ、その理念は、楽園性を備えた神聖・唯一な休息・慰安の場であって、そこには一家団欒が不可欠とされた。そして我が国にはこの家庭観が欠如していると見られていた。つまり封建的な家父長制をとる我が国の家庭において婦女子は冷遇され、家庭内は温かな楽しい雰囲気ではなかったというのである。

この「スウィート・ホーム」は「楽しき家庭」と和訳されており、西村の「楽しき住家」はスウィート・ホームを営むための住い、との意味であろうと筆者は考えている。

彼は幼児洗礼しか受けておらず、日常、教会の礼拝に出席することはなかったが、社会全体の改革を目指すプロテスタントのこのような側面は高く評価していた。彼とこの宗教の関係については「第4章 宗教的・思想的背景」で詳しく述べる。

さてこの書の内容について。

この書の表紙には小型のバンガローの写真が用いられており、その内容を象徴している。

事実この書には一〇棟の住宅例が掲載されているが、そのうち六例がこのような簡易な小型の居間式住宅・バンガローである。

彼は自らの資産を割いて「文化学院」を創立した資産家であることか

ら、彼の主張する住宅は規模の大きな富裕層向けの住宅と誤解する向きもあるが、主著であるこの書の内容を見ても明らかなように、この書は庶民のためのバンガローの勧めという側面を強く持っていたのである。

目次を紹介すると次のようになっていて、素人のために技術的な事柄も詳しく解説している。

Ⅰ 私のこと Ⅱ 楽しい生活のため Ⅲ よい土地 Ⅳ 西洋風の家
Ⅴ 設計 Ⅵ 構造 Ⅶ 外廻り Ⅷ スタイル Ⅸ 内部 Ⅹ 管と線
Ⅺ 庭 Ⅻ 門と塀 XIII 装飾、配置 XIV ガレージ XV スチュジオ
XVI スクリーン XVII 畳込寝台 XVIII 便所の臭い XIX ハウスボート
XX 理想村 XXI 理想の実現

「Ⅱ 楽しい生活のため」では彼が提案する住宅の理念が語られている。そこでは、住宅を楽しい生活の起点、自分と家族のための城郭と位置付け、交際のためや、体裁のために見栄を張ったものであってはならず、正実の楽しい家庭生活に必要なものであるべきだと主張し、家庭の家、スウィート・ホームを作りたいと述べている。

「Ⅴ 設計」では具体的な部屋の配置について説明がなされている。そこでは、居間はもっとも主要な部屋であるから南向きの日当たりの良い、思い切って大きな部屋にするとよく、一方応接間は北向きでも良いと述べている。

『楽しき住家』の表紙

これらのことは今日では当然と考えられるが、当時このような主張は彼自身のものを除いて皆無といって良い。維新以来徐々に改良されてきたが、基本的に住宅は武家住宅の伝統を受け継ぐ、一家の主人とその客を最重視した接客重視のものであって、他の家族の生活は軽視されていた。彼はこのような住宅を否定し、いわゆる家族本位の住宅を提案したのであって、そこに彼の特筆すべき先進性を見ることができる。

「Ⅳ 西洋風の家」には、彼が洋風住宅を薦める根拠の一つとして、今後の住宅は世界共通であるべきだと述べており興味深い。彼は世界共通ということは現代社会の特徴であって、家庭の生活様式のみが和式に固守するのはおかしいと主張する。このような彼の「世界共通」の主張は『楽しき住家』で初めて見られるのではなく、彼の最初期の論述『バンガロー』（一九一五年）においても見られることは既に報告したとおりである。

出版の反響

彼自身は自伝で「当時このような住宅建築の本は少なかったから新聞等で紹介されてよく売れた」と回想している。

また、この書は関東大震災によって版が焼失したので改版され『現代人の新住家』として再度出版されたがこの序文には「この書は非常に歓迎され愛読されて、版を重ねるのに忙しかった」と述べている。

『現代人の新住家』の広告には「この書が世に出た時、玄人は有産階級の建築道楽と誹謗したが、不思議や自己の生活を愛する人たちに知己を得て、彼の示せる新住家の建築は澎湃として勃興して来た。ついに専門家も窃かにこの書を備えねばならなくなった。」と記述している。

与謝野晶子は雑誌『太陽』（一九二一年一月）で「西村伊作氏といえば、昨年以来愛読された『楽しき住家』の著者として、特にその名を知られていますが……」と述べている。

以上の記述は自身と晶子といういわば身内のものであるが、彼ら以外のものでも興味深いものがある。

大阪朝日新聞一九二〇年七月には三回にわたり「新宮西村伊作氏物語」と題して記事が連載されている。この内容は記者が『楽しき住家』の著者である西村を新宮に訪問し、彼を取材したものである。この内容からかなり注目されていたことがわかる。

雑誌『住宅』を見ると興味深い現象がある。それは『楽しき住家』が出版された一九一九年九月以降、それまでこの雑誌では見られない語句「楽しき…」が巻頭文などに頻出する。例えば「楽しき生活と住家」（一九二〇年一月）、「楽しき家庭と居間」（一九二〇年九月）、「楽しき子供服」（一九二〇年十月）などなどである。

先にも述べたように「楽しき」という語句は、キリスト教関係誌等で散見されるものであって西村のみが用いたものではないが、同じ住宅関係の雑誌であることや『楽しき住家』の出版後約一年の期間であること等から、『楽しき住家』の影響と見て良いのではないかと筆者は考えている。

以上のことなどから『楽しき住家』は出版以来大きな反響を呼び、その内容は住宅建築関係者にも強い刺激を与えたと考えられる。

(2) その他の執筆活動

『文化生活と住宅』の連載

『楽しき住家』出版の約一年後、一九二〇(大正九)年八月、大阪毎日新聞と東京日々新聞両紙に『文化生活と住宅』と題した彼の論文が九日間連載された。これも大きな反響を呼び、先に出版した『楽しき住家』と相俟って、彼が阪神間と東京で建築事務所を開設する契機となった。

西村の自伝によるとこの連載は、与謝野寛が新聞社に彼を紹介したとしている。東京日々は大阪毎日が東京進出のため明治期に買収した新聞社の一つである。

内容は次の一〇節に分かれ、おおよそ一日一節ずつ連載された。

1 住宅難、2 現代生活と住宅、3 流行のバンガロー、4 寝室と浴室、5 日本趣味の家、6 壁の工夫、7 コッテージ、8 コッテージの日本化、9 セセッション式と独逸式、10 関郷の美のために

内容は『楽しき住家』と同様、居間式住宅の薦めといってよいが、技術的内容がほとんどなく彼の主張が明快に語られている。推奨する住宅形式はバンガローの他に二層住宅として英国の農民の家・コッテージを挙げ、それらを日本人が住み易いように改良しようとするものである。このコッテージを強調したところなどが『楽しき住家』と若干異なっている。

この連載が非常に大きな反響を呼んだ理由の一つには、冒頭彼が「金・地位・名誉などは人生の飾り物であって、それらがなくとも人生は不完全でない。私達の最も望むところは日常生活を愉快に営むことだ」などと維新以来強調されてきた立身出世主義を明快に否定する人生観を述べ、その上で新しい住宅の提案をしたことにもあったのではないかと筆者は考えている。

この連載記事の反響が建築事務所開設の契機になったということは、自伝の記述にあるが、その他にも文化学院に残された書簡類からも窺うことができる。それらは五十数通あり、そのうち半数はこの記事が両紙に連載されている期間中のものでこの連載が非常に大きな反響を呼んだ

ことがわかる。そして、その多くが具体的な設計相談や設計依頼に及んでいる。

なお、この論文の掲載が好評だったためか、彼は同年一二月には『我生活とその理想』、翌一九二一年九月には『教育を芸術として』を本紙に連載している。

出版図書

ここで彼の主な出版図書についてまとめておこう。よく知られている著書としては次のものがある。

『楽しき住家』	警醒社	一九一九・九
『田園小住家』	警醒社	一九二一・九
『生活を芸術として』	民文社	一九二二・一
『装飾の遠慮』	文化生活研究会	一九二二・十
『明星の家』	文化生活研究会	一九二三・六
『我子の教育』	文化生活研究会	一九二三・六
『我子の学校』	文化生活研究会	一九二七・七

このうち『田園小住家』『明星の家』は住宅プラン集である。前者は『楽しき住家』の姉妹編という位置付けであり、後者は雑誌『明星』で連載したものをまとめ単行本としたものである。両者は作風も異なり、

前者は海外の住宅を基本にしたものが多いのに対し、後者はより日本の風土に合った独自のものをめざしている。

『生活を芸術として』『装飾の遠慮』は雑誌等で発表した生活改善、住宅、教育関係の記述をまとめたものである。筆者は彼の著述を現在約一〇〇稿把握しているが、それらの多くをこの単行本中で見ることができる。

その他昭和戦前のものとしては『学生と性教育』(建設社、一九三八年)、『わが子　その養育その教育』(大隣社、一九三九年)がある。

(3) 住いのデモクラシー　―居間式住宅の成立―

一般にその主張がいかに革新的であり真理であっても、必ず人々に受け入れられるとは限らない。ありふれた主張が無視されることは当然であるが、あまり目新しすぎても受け入れられることは少ない。その主張と時代の要求が同調する時その主張は一気に燃え上がるのである。

つまり西村の主張は当時極めて目新しいものであったけれども、それを受け入れる素地が社会で既に出来上がっていて、民衆がその主張の出現を待ち望んでいたということではないか。その素地とは簡単に言うならば今日私達が大正デモクラシーと呼んでいる社会状況であり、その状況と密接に関わっている生活改善・住宅改良運動の盛り上がりである。

彼の居間式住宅の主張は、言い換えれば住宅間取りの民主化の主張といえる。彼が広く社会で活躍し注目された期間は、様々な分野で民主主義的な傾向が強まった時であり、西村のこれらの活動もこの期に多く見られた一連の民主化の事象と見ることができる。

従来我が国の近代建築史で、一人の人物が大正デモクラシーとの関係において論じられることはなかったように思う。一般に建築家は保守的にならざるを得ない立場にあり、家族観の転換を不可欠とする、社会の根本的な変革につながりかねない、居間式住宅を当時主張することは困難であったことは想像に難くない。

しかし西村は他の建築家とは違っていた。つまり大山林家として強固な生活基盤を持ち、プロテスタンティズムや社会主義の洗礼を受け、住宅改良の伝道師たらんと考えていた彼にとって居間式住宅の主張に進むのは当然の帰結でもあった。

本節では、まず江戸期から伝わる伝統的な住宅や、幕末から居間式住宅が成立する直前までの住宅の変遷を概観し、その中で西村らが改革すべき住宅として見ていたのはどのような住宅であったのかを整理しておく。そして大正デモクラシーを時代背景として、彼の活動が居間式住宅の成立に大きな役割を果たしたことを述べたい。

既に述べたように、西村は明治期のキリスト教や社会主義から強い刺激を受けており、彼の活動はこれらの宗教や思想を抜きにして語ることはできない。これらのことについては章を改め、「第4章　宗教的・思想的背景」で述べたい。

江戸期の武家住宅はその後の住宅に大きな影響を及ぼしたといわれている。西村が活躍した大正後期まででも住宅改良は徐々に進められてきたが、大半の住宅は江戸期のものとさして変わらないものであった。そして今日でさえそのような住宅に、若干手を加え利用している方も少なくないのではないか。

そのような住宅の平面計画上の特徴は、封建的家父長制に基づく家族観を反映して、いわゆる座敷と呼ばれる主人とその客のための居室を過度に尊重するものである。そこはその住宅内で最も広く、床の間・違い棚などに意匠をこらし、そして日当たりの良い、庭に面した部屋であった。そのため家族の居室、茶の間は劣悪な条件とならざるを得なかった。また、各部屋の間仕切りは多く襖で仕切られていて遮音が不十分なことや、廊下が不備で部屋が通過交通に用いられることなどから、家族各人のプライバシーを守ることが十分ではなかった。

我が国で本格的に洋風住宅が建設されるようになったのは一八五八

（安政五）年の日米修好通商条約によって函館・新潟・神奈川・兵庫・長崎の開港と江戸・大阪の開市を約束したことに始まる。この頃の洋風住宅は異人館と呼ばれ長崎の「グラバー邸」一八六三（文久三）年、などはよく知られている。しかしながらこれらは洋風住宅の先駆けとしての歴史的な意義は大きいが、その後大きな影響を及ぼしたとは言い難い。

明治となって我が国は、欧米の科学技術を導入するとともに、宮中を始め官公庁・軍隊・警察・学校・病院など社会の公的な部分では次々と洋服・椅子などを導入し洋風化が進められた。しかし人々の私生活はなかなか洋風化が進まなかった。例えば、洋服に身を包んで執務する人も、帰宅すると和服に着替えて寛ぐといった風であった。またそこでの家族関係も封建的なものであった。

住宅洋風化の過程では、社交や接客の部屋、つまり公的な場が先ず洋風化されたことを押さえておいて欲しい。それ以外では旧態依然のままであったのである。今日私達は保存された当時の洋風住宅の見事な姿に目を奪われるが、それはあくまで住宅の接客部分だけであって、隣接して江戸期の武家住宅そのままの和風住宅があたかも影のように並立し、貴紳やその家族の日常生活はそこで営まれていたのである。

日清・日露と勝ち進むにつれ国力は増大し、都市に住む中間層というべき人々も増加していった。しかし彼らの住宅というと先にも述べたように基本的には江戸期の武家住宅と大差ないものであって、まだまだこの層に洋風住宅は普及しなかった。このような状況の中で建築学会の機関紙『建築雑誌』誌上などで、在来の住宅を批判し新しい住宅を模索する論文が現れてくる。明治の三〇年代のことである。そこで指摘されたのは、在来住宅ではプライバシーを守ることが困難であること、その他椅子の導入などの起居様式の問題、主婦の家事労働軽減の問題などである。

このような議論があって、大正の初期に「中廊下式住宅」と呼ばれる形式の住宅が誕生する。この住宅形式は一部洋館を加えただけのもので純粋な洋風住宅とは言い難いが、昭和の戦後まで広く普及した。

この形式の代表的なものは、玄関脇南側に洋風応接室兼書斎を設け、住宅の中央を貫いて東西に中廊下を通し南側に和室の居間・客間などを配し、北側には台所・便所・風呂・女中部屋などを設ける。この中廊下によりプライバシーの保護が十分とは言えないものの向上することとなる。

また居間が南側に進出したこともこの形式の大きな成果といえる。新たに玄関脇の応接室を付加したことにより、そのことが可能になったのである。その応接室は外観においても洋風であって、今日でも玄関脇の一部が洋風でその他が和風の住宅を街中で見かけることがあるがそれでである。

既に述べたように貴紳の大邸宅では社交や接客は洋館で行い、日常生活は和風部分で営まれていたが、その形式が中廊下式住宅でも見事に受け継がれ、接客を最重視することにも変わりがなかったのである。

その他にも自由な経済活動が許される時代となって成金と呼ばれる人々が出現し、彼らの生活態度や住宅のあり方にも批判が集まっていた。

さてこの頃になると住宅のみならず家庭生活自体を改善しようとする動きが始まる。

先ず一九〇三（明治三六）年には堺利彦らが『家庭雑誌』を創刊する。西村の叔父大石誠之助はこの雑誌に西洋料理に関する実用記事を連載執筆している。この雑誌の内容は家庭の民主化を通じて社会主義を啓蒙しようとしたものであった。

一九〇六（明治三九）年には読売新聞の記者であった上司小剣《かみつかさしょうけん》らが『簡易生活』を創刊する。この雑誌はシャルル・ワグネル（Charles Wagner）の『簡易生活（La vie simple）』に触発されて創刊したもので、小剣はこの雑誌で簡易生活の具体的方法について紹介することを目的とした。

プロテスタントは人間生活全体を改良しようとする強い意欲を持ち、

明治・大正期の生活改善に非常に大きな役割を果たした。特に明治三〇〜四〇年代にかけて『福音新報』などで生活改善についての記事が多く見られるようになる。またクリスチャンの羽仁もと子は『婦人之友』を創刊し、婦人解放の啓蒙に大きな役割を果たしている。

西村は思想的にこれら社会主義者やプロテスタントの雑誌の近くにいたことは間違いなく、彼はこのような雰囲気の中で一九〇六（明治三九）年、新宮に我が国最初のバンガローを建築したのであった。これらの雑誌の記事については「第4章 宗教的・思想的背景」で紹介する。

大正期に入ると家庭をテーマとした本格的な博覧会も開催されるようになる。その代表例としては一九一五（大正四）年に東京上野公園で国民新聞社の主催で開催された「家庭博覧会」がある。この博覧会は今後の衣食住のあり方を具体的モデルにより展示したものであって、主催者の国民新聞は中流モデル住宅を出品している。この住宅については設計趣旨としては主人本位から家族本位への転換を謳っているものの、平面は中廊下式住宅であった。

この頃になると住宅競技設計が行われるようになり、一九一五（大正四）年には報知新聞によって、翌一九一六年は住宅改良会が主宰し実施され、中廊下式住宅が上位を占めるようになる。

この「住宅改良会」とは、一九〇九年に渡米先のシアトルから帰国し、東京で住宅会社「あめりか屋」を起こした橋口信介が洋風住宅を普及させるために一九一六（大正五）年に設立した組織であって、賛助会員に総理大臣・大隈重信ほか、政・官・財・学会などの有力な人々を集めていた。この会は月刊誌『住宅』を機関誌として発行し、この誌はあめりか屋のＰＲ雑誌的な意味合いもあったが、大正から昭和戦前の洋風住宅啓蒙に大きな役割を果たした。

あめりか屋の方は改良会創立後さらに業績を伸ばし、軽井沢・大阪・小倉・名古屋など次々と出張所を開設し、数多くのバンガロースタイルの住宅を残した。

大正中期一九一九（大正八）年になると「生活改善展覧会」が文部省の企画によって東京・お茶ノ水の教育博物館で開催される。さらに翌年これに関連して「生活改善同盟会」が組織され、衣食住等の各分野の改善について具体的な提案がなされた。同盟会の住宅分野を担当したのが「住宅改善調査会」である。この調査会は当時建築学会の第一人者であった東京帝国大学教授・佐野利器を委員長としていた。

この調査会では一九二〇（大正九）年五月末までに全六項目の改善方針が定められた。その方針の第一は「住宅は漸次椅子式に改めること」、第二は「住宅の間取設備は在来の接客本位を家族本位に改めること」であり、これらは『建築雑誌』（一九二〇年八月号）他に発表された。

椅子式については四月の第一回会合で直ちに決議されたが、それ以外は二回目以降となった。「家族本位」について『建築雑誌』から詳しく紹介すると次のようである。

「住家の間取設備は常住の室を主とし客間を従とすること。将来真に意義ある生活を営まうとするには、先ず以て上述の如き接客本位の居宅に改善を加へて、多年の因襲から脱しなくてはなりませぬ。……殊に小住宅では接客用の特別の室を廃め、居間寝間及び台所等に充分な面積を充て……」。

これは、より家族本位にといったものではなく、小住宅では客間を廃するなど徹底した家族本位の住宅を目指しており、椅子式と合せると、この方針は完全な居間式住宅の主張であることが分かる。この改善方針が当時の住宅改良、居間式住宅成立に果たした役割は極めて大きく、当時の住宅改善の方向を決定付けたといって過言でない。

この方針を受けて居間式住宅が公式にデビューしたのは一九二二（大正一一）年三月から東京上野で開催された平和記念東京博覧会の文化村における実物展示であった。また関西でも同年九月から大阪・箕面・桜ヶ丘で日本建築協会*が主催して開催された住宅改造博覧会において同形式の住宅が数多く見られたのである。

さて、佐野利器らの「住宅改善調査会」がまとめた改善方針が居間式

*日本建築協会　一九一七（大正六）年、はじめ関西建築協会との名称で組織された建築家の団体。発足当時は理事長・片岡安、理事・武田吾一以下四名。機関誌『建築と社会』がある。

住宅成立に大きな役割を果たしたならば、これが定まるまでに居間式住宅について誰がどのような発言をしていたのか興味のあるところである。そこで筆者はこの方針が定まった一九二〇年五月までの建築、住宅改良、生活改善に関わる主な六誌（『建築雑誌』『建築世界』『建築画報』『住宅』『建築と社会』『婦人之友』）や当時のこれらに関する単行本の記述内容を検証してみた。

そうすると意外にも居間式住宅の明確な主張はごく限られた少数のものしかなかった。それらを主張した人物とは西村伊作と佐野利器である。西村のこの住宅形式についての主張は早く、彼が『住宅』に一九一六年に発表した「バンガロー」（初出誌は『科学と文芸』一九一五年）は我が国最初の居間式住宅の主張と見られる。また、一九一九年『楽しき住家』も単行本としては最初のもので注目すべきである。

佐野も明快に語っている。それは「改善方針」発表直前の一九二〇年三月に『住宅』に掲載された「住宅の改善」と、『建築世界』掲載の「住居建築研究の必要」である。

ただこれらの主張を頂点とすればその裾野というべきもの、海外の居間式と見られる住宅の単なる紹介は一九一八年以降雑誌『住宅』誌上で数多く見られ、また、より家族本位にといった主張も明治の後期より散見された。

当時の西村は与謝野夫妻をはじめ文学や芸術関係者との交流は持っていたが、建築界との交流は疎遠であった。しかし一九二一年になると建築界でも注目されていたことを証する興味深い出来事がある。

日本建築協会が一九二二年に大阪・箕面で住宅改造博を開催したことは既に紹介したが、これに関わって一九二一年から翌年にかけて三回の住宅設計競技が行われている。西村はこの協会から審査員の就任、博覧会中の講演と住宅の出展を依頼されているのである。

このことは文化学院に残された一九二一年六月末の彼への手紙から明らかになったもので、彼の大阪の知人を介して協会が要請してきたものである。この審査員への就任は実現し、片岡安、武田吾一、長谷部鋭吉ら東京帝国大学建築学科出身者を中心とする関西建築界の重鎮一〇名の中に西村の名を見ることができる。なお住宅の出展は実現しなかった模様である。

西村は建築の専門教育を受けたわけでなく、また御影に建築事務所を開設したとはいえ建築界と親密な交流があったとは到底考えにくい。そのような彼が関西建築界で最も権威のある団体の審査員として加えられ、いわばその存在が公式に認められたのは、当時世間で彼はよほど注目を集めていたからに違いない。このことからすると「改善方針」が定まったのは審査員の就任要請の一年前であるが、方針が定まった当時でも建築界において既に彼の主張は相当な影響力を持っていたことが推測できよう。

さて、本章「(1)『楽しき住家』の出版」において、この書は当時非常に大きな反響を呼んだことを報告した。このことと、上記の事柄を考え合わせて、居間式住宅成立に関し次のように筆者は推測している。

西村が『楽しき住家』を出版した一九一九年当時、我が国の住宅改良においては洋風住宅を強く指向し、家族本位の主張も散見されるようになっていた。しかし建築界は明確に居間式住宅を主張し得ないでいた。そんな時、西村は本格的な居間式の主張である本書を出版した。その反響は大きく居間式住宅を求める世論の形成に大きな役割を果たし、建築界でも注目される存在となっていた。

一九二〇年「生活改善同盟会」が結成され、その中で当時建築界の第一人者・佐野利器を中心として住宅改良の方針がまとめられた。その内容は、西村が主張する居間式住宅を推奨するものであった。この改良方針の影響は大きく、その後一九二二年この形式の住宅が公式にデビューすることにつながっていった。

西村が先駆的な役割を果たし、大きな注目を集めた理由は、当時生活改善・住宅改良の大きなうねりがあったこと、その中で彼の主張がそのうねりと同調し、またリードするものであったことが挙げられよう。その他にも次章で紹介するように彼の様々な理想主義的な活動が注目を集め、いわば時の人となっていたことも大きく影響しているのかも知れない。

居間式住宅への転換には非常に高い障壁を乗り越えなければならない。その障壁とは徹底した家族本位への転換であり、そのためには住み手の住思想・家族観・人間観・人生観さえも転換する必要がある。このことは言うまでもなく家庭内に留まらない社会のあり方にも影響する非常に重要な問題を含んでいる。多くの人々は言い出し兼ねていたのではないか。このような高い障壁を乗り越えるための追い風となったのは、今日私たちが大正デモクラシーとよんでいる思潮である。

大正デモクラシーを一言でいうと、大正期を中心にしたおよそ二〇年間に我が国の政治・社会・文化など広範な方面に顕著に現れた民主主義的傾向ということができる。特に政治面で語られることが多く、その面では藩閥打倒・政党内閣樹立、軍備拡張反対、悪税の廃止などを主なスローガンとする諸運動であって、それは全国の主に都市的民衆によって担われていた。政治的な観点からは、その始まりは一九〇五（明治三八）年の日比谷焼打事件に代表される日露戦争講和反対運動とされ、これは専制政府反対を訴えた最初の全国的都市民衆運動と位置付けられている。

高揚期はロシア革命の翌年、米の売り惜しみに端を発した一九一八（大正七）年の富山の米騒動に始まった。この米騒動はたちまち全国に広まり、これにより内閣は倒れ、人々は民衆行動の効果を自覚した。以降普通選挙運動・婦人参政権運動・労働運動など社会運動が活発化し、一九二二年には日本共産党や全国水平社なども結成された。運動の担い手はそれまでの都市中間層に加え、小作農民や無産階級など広範な民衆が登場してきた。

しかしその後、労働団体や無産政党の活動方針の分裂などによって運動は弱体化していった。そして、一九二五（大正一四）年の普通選挙法、治安維持法の成立の前後よりこの運動が衰退に向かい、一九三二年の五・一五事件によって犬養内閣が倒れ政党政治が崩壊し、完全な終焉を迎えた。

大正デモクラシーの時代というと比較的明るい雰囲気の時代であったのではないかと誤解しがちであるが、そうではなく民衆の生活は困窮し社会不安が増大した厳しい時代でもあった。

第一次大戦により我が国工業生産は重工業を中心に躍進し、空前の大戦景気となったが、その結果、都市の零細手工業者や職人層は没落し、また疲弊した農村から貧窮農民が都市に流入し都市スラムは肥大した。彼らの多くは工場労働者となり、その労働条件は劣悪で、それを改善する組織的労働運動は許容されていなかった。そのほか学制の改革により高学歴の新中間層も出現したが、彼らの生活難も深刻さを増していた。

例えば、米価などは一九一六（大正五）年から一九一九年までの間、約三倍に高騰した。民衆の給与も上昇はしたが全体が同時に上昇したわけでなく、それには時間差があった。その間の生活が極めて逼迫したであろうことは容易に想像できる。

このような厳しい現実のなかで大正デモクラシーという状況が生まれたのであった。この大正デモクラシーの重要なキーワードは「民衆」であり、またいうまでもなく「民主化」である。

この民主化の流れは政治面のみならず、芸術文化も含め我が国の様々な分野で見られた。例えば「白樺派*」に代表されるように個の確立・個人の尊重の主張、家庭内における封建的家長制度への批判、また「青踏派*」に代表されるように婦人の解放などが叫ばれたのであった。

これらの主張はいずれも我が国の家庭のあり方を根本的に変革することに直接つながっていった。つまり一家の主人が過度に尊重される封建的な家族関係から、女性や子供なども含めて家族それぞれが尊重される家族関係に転換することを促したのである。

＊**白樺派**　学習院出身の武者小路実篤、志賀直哉、有島武郎ら文学青年が同人となって雑誌『白樺』（一九一〇～二三）を創刊した。人道主義的・理想主義的側面は武者小路の「新しき村」の試みや、有島の北海道の所有地を小作人に分配したことにも現れている。

＊**青踏派**　一九一一（明治四四）年、平塚雷鳥ら五人の若い女性たちが作った団体。女性の自我の覚醒と解放を求めた。機関誌『青踏』（一九一一～一六）を発刊。参助員として西村の「文化学院」創立に加わった与謝野晶子も参加。

そのような新しい家族観が生まれれば、当然その家族が住まう住宅は封建時代のなごりを色濃く残したそれまでの住宅では十分に機能せず、新しい家族観に即した住宅が必要となる。人々は新しい住宅の出現を待っていた。しかし危険思想とも捉えられかねない新しい家族観を歴史的必然と考え、しかも具体的な住宅の知識を持った志ある人物はなかなか現れなかった。

そんなとき居間式住宅という間取りの「民主化」を明確に示して登場したのが西村伊作なのである。そればかりではない、彼の主張する住宅は住宅難に苦しむ「民衆」のための、民衆が持ちうる簡易な小住宅・バンガローであった。彼の住宅は真に大正デモクラシーの住宅であった。

第3章　「西村建築事務所」の開設

(1)　建築事務所開設の経緯

西村は一九二一（大正一〇）年、阪神間の御影に「西村建築事務所」*を開設し、少し遅れて東京にも事務所を開いた。この年は「文化学院」を創立した年でもあった。

この開設については、『楽しき住家』や「文化生活と住宅」が大きな反響を呼び、多くの設計依頼や相談の手紙が彼のもとに寄せられたことが契機となった。それらの手紙の約半数は大阪および兵庫県内からであって、このようなことから当時最も進んだ住宅地を形成しつつあった阪神間の御影を選んだのであろう。

しかし、なぜ同じ年に二つの異なる事業を、しかも東西異なる場所で始めたのだろうか。

開設の背景として次のようなことを知っておくのも重要である。新聞の連載が注目を集めていた頃、彼は東京およびその近郊で実施する大き

＊建築事務所　建築の設計と施工を業務とする事務所。今日の建築設計事務所では施工は行わない。

な計画を与謝野夫妻らと練っていた。その計画とは「芸術生活西村研究所」と名付けられた組織を中核として、様々な生活改善に関わる事業を行おうとするものであった。つまり彼の建築事務所はこの活動の一環として設けられたと考えられる。

一九二〇年五月二日の読売新聞には次のような見出しで報じられている。

「富の私有に飽きたらない百万長者の新計画
　与謝野夫妻、堺、沖野両氏を顧問に
　駿河台に平民的なホテル新築
　更に小田原には芸術家の街を」

堺とは堺利彦のことであり、また沖野とは元新宮教会牧師で後に小説家となった沖野岩三郎である。

ホテル計画の目的は、ここを生活改善の啓蒙や、文化人・芸術家らとの交流の拠点、また講演会・音楽会の会場としようとするものであった。また芸術家の街はここでバーナード・リーチの家具や、一般的な実用品の製作を行おうとするものであった。しかし小田原の計画については土地を購入すべく、その頃この地に住んでいた谷崎潤一郎や北原白秋などと土地を見て歩いたが、第一次大戦後の恐慌で中止を余儀なくされたという。

讀賣新聞　（日曜日）

富《とみ》の私有《しいう》に慊《あきた》らない
百萬長者《ちやうじや》の新計畫《しんけいくわく》

與謝野夫妻、堺、沖野兩氏を顧問に
駿河臺に平民的なホテル新築
更に小田原には藝術家の街を

紀州新宮町の百萬分限西村伊作氏は社會主義者として當局から睨まれ、また文藝家の間にも大石七分氏と共に知られてゐる新人であるが、新に著した「楽しき住家」の標題として今後

衣食住 の新研究に努力する決心を固め先づ與謝野寛氏及び晶子夫人、堺利彦氏並に沖野岩三郎氏を顧問に「西村藝術生活研究所」なるものを新設し藝術的生活の宣傳雑誌を發行すると共に、實際的事業の數々を創始する、第一は東京

駿河臺 杏雲堂病院に隣接する佐々木病院長の宅地を數日前十二萬圓で購入する契約を結んだ、而して此處へ約十五萬圓を投じて利益を度外視した純なる平民的な日本人向きの一大ホテルを建設する計畫で、第二は相州小田原附近に二千坪を買入れこれを

小規模 の田園都市に拵へ上げて眞に藝術家を住まはせるやうな氏の所謂「世界人の家」なるものを建てゝ、此處を根據としてから米國人バアナアド・リーチ氏などの發表した家具類のやうな物や更に一般的に實用向きで高尚な家具日用品器具なども製作したいとの計畫ださうである

上京中 の西村氏を訪へば「これは未だ實行し得られるかどうか疑問ですが、私一個としては父祖から傳はる私有財産の所有などは、到底永遠の將來に於ては行はれ得ないと信じますので、成らう事なら行く行くは私の持つ資産も悉く國家組織にでも編入してしまつて、更に

其管理 を私が主張する公共團體に止めて、只子女の教育費位を其中から出して貰ふやうな方法を樹てたいものと望んで居ります、そして駿河臺の新築や小田原の新計畫は公共事業の方が所謂慈善事業よりも數倍勝るといふ私の

持論を 實行するに過ぎないのであります」と語つた

この記事の見出しの頭に「富の私有に飽きたらない……」とあるが、このことはこの事業の計画の動機と深く関わっている。記事にも彼の談話として若干の記述があるように、将来我が国でも私有財産制度が崩壊すると予測し、その時の準備として財産の一部を割いて自分が興味を持った公益のための組織を作りたいと考えていたのであった。

彼の「我生活と其理想」(『大阪毎日新聞』一九二〇・一二)には次のような記述がある。

「我々が此の尊い御国へ我々の財産を奉還せなければならぬ時代が近づいて来たのではないか、大君にお返しする時が迫って来たのではないかと私は感ずるやうになって来ました。私は其時が来る迄に私の財産を如何にか始末して置いて、私が其の関所を通る時に易々と平和な心を持って無事に通過することのできるやうに今から支度をして置きたいと思ふのです。……嫌な事に寄付したり、つまらぬ習慣や迷信のために金を出すのは少しでも甚だ不快ですが、世の人と共に楽しむがために芸術、教育、生活改善、社会問題其外の公益事業に金を出すとか、自分の好み信ずる技芸、学問、宗教などのために自分の身体や心を働かす計りでなく、自分の所有する財産全部を挙げて捧ぐるのは立派な善い事だと思ひます。」

また、彼の「我財産と其の処分」(『太陽』一九二一・三)にも次のような記述がある。

「海外の国々はだんだん赤色に染められて来て、我が国も其の色の反射で萬象が美しいピンク色を帯びたような心地がします。……此の時に當り、金持、資産家などは何事をなす可きやと云う問題を考へなければなりません。」

当時我が国は第一次世界大戦で未曾有の経済的発展を遂げていたが、一九一七年のロシア革命は我が国にも大きな衝撃を与え、その翌年には富山の米騒動に端を発して全国的に大きな混乱が生じていた。西村が革命をも含めた社会の変化を予感したのもこのような世相を背景にしたことであり、このような認識は多くの知識人に見られた。

一九二〇年五月の読売の記事に続いて七月には「東京日々新聞」にも西村の活動に関し次のような記事がある。

「帝都の中央に麗しき理想郷

紀州の富豪西村伊作氏が神田駿河台に建設せん」

この計画は駿河台に住宅街、ホテル、学校などを建設し理想郷を築こうというものである。武者小路は九州日向に理想郷「新しき村」(一九一八〜)を建設しようとしていたが、西村は帝都の中央にと考えたのである。

「読売」「東京日々」の記事はいずれも先ず「芸術生活研究所」の構想

を紹介し、これを中心として各種事業を行おうとしていることを報じている。

この理想郷計画の中に学校が含まれていることからもわかるように、「文化学院」はこの研究所の事業の一環として設けられたものである。このことは彼自身による「文化学院設立趣意書」（一九二一年）に記述され、与謝野晶子も同様のことを述べている。学院の構想がどのように生まれてきたのかは興味深いところであるが、このことについては「第六章「文化学院」その他」で述べる。

以上のように西村らは一九二〇年春頃より研究所構想を持ち様々な活動を計画していた。そしてその活動の一つであった駿河台の計画が最終的に「文化学院」に結実し、もう一つ建築事務所の開設が実現したのである。

しかし前者はともかくとして後者は奇異な感がしないでもない。というのは一九二〇年といえば新聞に連載された「文化生活と住宅」で大いに注目を集めていた年であるけれども、建築事務所の計画は、彼の東京での計画には全く登場しない。いかに関西を中心として八月以降、住宅設計の要望が強まったといえ、その頃既に学院の構想は芽生えており、東京から遠く離れた御影で、教育とは全く異質な建築設計施工の事業をなぜ始めたのだろうか。

帝都《みやこ》の中央《まんなか》に 麗《うる》はしき理想郷《りそうけう》

紀州の富豪西村伊作氏が 神田駿河臺に建設せん

令嬢あや子さんのお伽譚

紀州新宮町の素封家にして太平洋畫會の洋畫家たる西村伊作氏は豫てより自分の所有する財産の幾分を裂いて最も有意義に使用するの希望を有し友人なる與謝野寛氏夫妻及沖野岩三郎氏等と其使途に付き協議中なりしが愈百万圓を投じて藝術生活研究所を設置する事に決し武者小路實篤氏が

▽▼九州の山奥に新しき村を經營したるに反し氏は帝都の中央なる神田駿河臺に理想的なる一市街を經營する事となり先頃既に五百坪の地面を買ひ求め着々進捗しつゝあり右に就き與謝野晶子夫人は語る「具體的な案は決まつてゐないが何れ近く西村氏が上京した上で一切決定する西村氏は自分からも

▽▼理想的▽生活に就いては久しく研究されて「麗はしき生活」等の著書もある位で立派に經營して行かれる事と思ふ之には住宅は勿論旅館學校運動場等も設ける筈である」と西村氏が斯うした美しい理想を持つてゐる事が其令嬢や令息に尠少からぬ感化を與へて長女のあや子さんがお伽噺「ヒノチヨ」を出版したといふ話[illegible]へあるこの

▽▼お伽噺 には山本鼎氏や沖野岩三郎氏も序文を書いてゐるが非常に面白い本で到底尋常六年に通つてゐる十二歳の少女の筆とは思はれぬ題名の「ヒノチヨ」は噺の主人公の名で原著は伊太利のおとぎ話であるがそれを西村氏が毎晩食後に日本語に直して話されたのを

▽▼何時《いつ》の間にか覺えて込みさうしたお伽噺を書いて見たく思つてゐた處へ父君が「樂しき住家」といふ本を出版されたのであや子さんも亦自分で本を作る氣になり到頭お伽噺の筆を執り始めたのが一昨年の暑中休暇でそれから毎日二三枚づゝ書いてゐるうちに本年の春になつて漸く纏まつたので自分で

▽▼挿繪を 書いたり裝幀までして望み通りの美しい本が出來上がつた、あや子さんを知る人達は小天才に驚いてゐるが父君の西村氏さへ女子大學生位の知識を持つてゐるさうであるが斯うした同化力を持つ西村氏の計畫が實現された暁今帝都の中央に空前の理想郷が見られるであらう

その謎を解く鍵というべき彼の一文が残っている。それは筆者が旧西村邸で発見した帳簿の一九二〇年末に記されていたものである。

彼にとって一九二〇年は東京での計画や、新聞紙上の連載などで注目を集め、特別感慨深い年であったはずだが、意外にも年末のある日の彼の胸にあるものは深い苦悩であった。

この文中にある「私の仕事」とは、これを書いた頃の東京で進みつつある計画、新宮での山林経営、建築、絵画、陶芸などをさすのではないかと考えられる。それらは彼にとっては真剣なものであったはずであるが、これを「つまらぬ遊び」と決め付けているのである。彼はこの年の活動に決して満足していなかったことがわかる。

西村は「金持ちであっても社会の人々のためになるように育って欲しいと、親代わりの大石誠之助は願っていた」と戦後回想している。人々のために役立ちたいと思う自己の願いと、理想を追求すればするほど現実から遊離し、民衆から無縁なものとなっていった自分の計画との矛盾から、帳簿に記された苦悩が生まれたのではないか。

御影における建築事務所の開設は、東京での現実離れした計画を反省し、より現実を見据え人々の生活改善に寄与したいという、彼の理想を実現しようとしたものだったのではないか。

なお、筆者が西村家の方から聞いた話によると、最初西村は主に建築

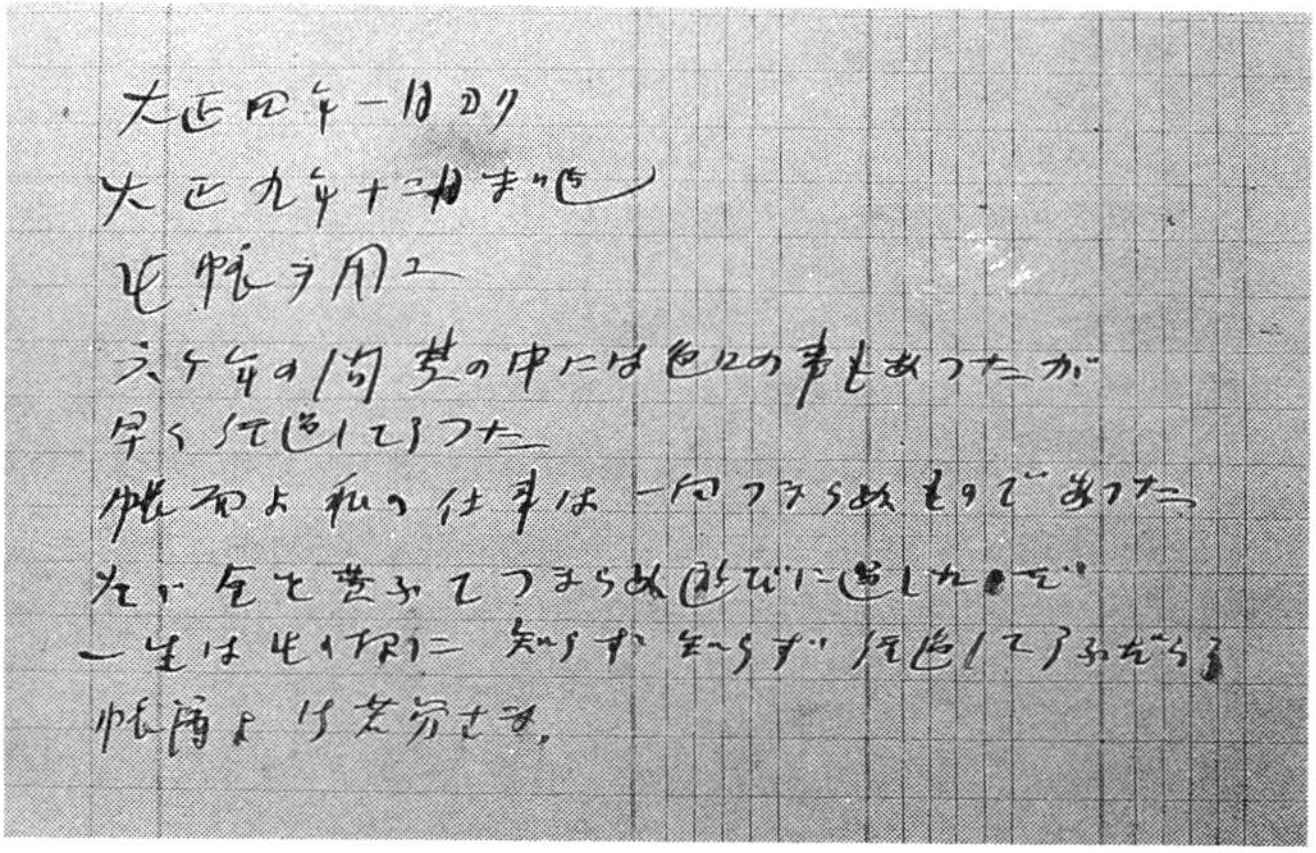

大正四年一月ヨリ
大正九年十二月末迄
此帳ヲ用ユ
六ヶ年の間其の中には色々の事もあったが
早々行過て了った
帳面よ私の仕事は一向につまらぬものであった
たゞ金を費ふてつまらぬ遊びに過したのだ
一生は此の様に知らず知らず経過して了ふだろう
帳簿よ御苦労さま。

（西村家帳簿-1920年末-より）

事務所の経営に当たり、文化学院の方は与謝野夫妻に任せようと考えていたらしい。

このようなことを考え合わせると、同年に異なる場所で異なる事業を始めたことも理解できなくはない。

(2) 西村建築事務所

営業種目

事務所には依頼者他に配布したと思われる『建築案内』と名付けられた小冊子（B6判）がある。これによると「営業種目」としては「現代の新日本人の生活に適する住家」「公共的小建築」「家具、室内設備、暖房、門、塀等」の三項目をあげている。

そのうち住宅では英国式田園住宅（コッテージ）、米国式バンガロー、南欧式住家（スパニッシュ、イタリアン）、日本家（改良住宅、純日本式）をあげ、このことより主に住宅、特に洋風住宅を手がけていたことがわかる。その他の建築では、学校、病院、教会堂、公会堂、事務所、寄宿舎をあげ、この順からみると事務所建築は主でないことを窺わせる。

業務は設計、監督、施工をあげているが、設計、監督のみはあまり実施していないと記され、設計施工が多かったのではないかと推測される。

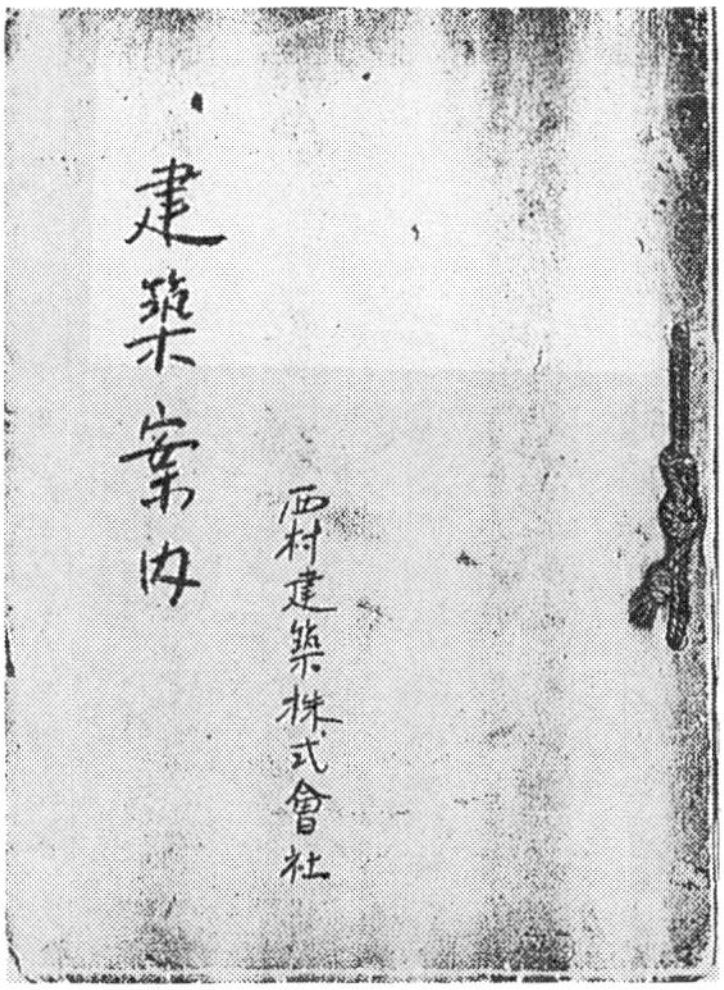

『建築案内』

住吉事務所

そのほかこの冊子には設計料、土地選択にあたっての注意、設計方針、幾つかの住宅作品の写真、平面図などが掲載されている。

沿革

建築事務所は一九二一（大正一〇）年に、兵庫県武庫郡御影町郡家（現在の神戸市東灘区御影町郡家）に開設された。この御影事務所は借地であったためか一九二四年に同郡住吉村畦倉（東灘区住吉東町）に移転した。この位置はＪＲ住吉駅南、住吉小学校の北に当たる。

御影・住吉の地は阪神間、六甲山南山麓にあり、明治の頃より大阪・神戸の富裕層らの別荘地・郊外住宅地として発展しモダンな生活文化が花開いた所で、我が国における郊外住宅地の先駆的な場所であった。

一九二六（昭和元）年、西村建築株式会社となり本社を住吉に定めた。その後一九三七年、日中戦争が始まった年、この事務所は閉鎖された。この地における事務所設置期間は一六年間であった。

東京事務所は彼の史料では一九二三（大正一二）年からその名を見ることができる。事務所活動の拠点は文化学院であって、この年は言うまでもなく関東大震災の年であり、このことを契機に東京での活動が活発化したものと考えられる。

文化学院が事務所活動の拠点であるということは奇異な感がしないで

もないが、学院は単なる学校でなく、先にも紹介した「芸術生活西村研究所」の拠点、西村の生活の場という意味合いもあったのである。

会社組織になった頃、銀座にも出張所が設けられ、東京における事務所の窓口としていた。

住吉事務所の閉鎖に伴い本社は麴町区内幸町に移されたが、戦時色が強まるに連れ閉鎖に追い込まれた。

その他岡山県の倉敷にも出張所が設けられていたことが明らかになっている。この事務所では倉敷紡績や大原関係の建築を多く手がけている。このことについては後に述べる。

構成員

先ず西村はこの事務所にどう関わっていたのだろうか。

御影・住吉事務所の中心人物・榎本淳一の著書によると、西村は単に出資者として関わっただけでなく、自ら依頼された建築の計画を練り原案を作成した。

西村は一九二七（昭和二）年までは新宮を本宅としていたが、度々上京していたことが明らかになっている。当時は新宮から大阪を経由し上京するのが一般的であったため、その度に御影・住吉に立ち寄っていたのであろう。

西村は自伝に「子供が大きくなってから、建築をするようになってから、建築の方の興味をだんだん失って、庭を造ることを楽しみとするようになった」と記している。長男久二は米国で建築を学び一九三〇年帰国し、西村の会社を手伝い始めていることから、この頃より徐々に事務所活動から離れていったものと推測できる。

西村の建築活動を支えた人物は、御影・住吉事務所では榎本淳一であり、東京事務所では大嶋虎之助である。榎本は一八九六年生まれ。大阪市立大阪工業学校を卒業後、住友総本店を経て西村建築事務所に入所している。大嶋は一八九六年生まれ。大阪府立西野田職工学校を卒業後、一時他で勤務の後、入所している。榎本、大嶋の両者はいずれも新宮近郊の出身である。なお、大嶋は戦後文化学院の事務長を勤め、西村の活動を長期間支えた西村の片腕とも言うべき人物である。

榎本、大嶋の両名の他に、両事務所共に四、五名の設計・監督を行う所員がいたようである。

(3) 「文化生活研究会」とのかかわり

大正期の生活改善を目的とした組織として、文部省主導の「生活改善同盟会」や、民間組織の「文化生活研究会」が存在していたことはよく知られている。西村は後者と深いかかわりを持っていた。

後者は、消費経済学の研究を進める中で生活改善の必要性を痛感していた北海道帝大教授・森本厚吉（一八七七〜一九五〇）が、札幌農学校時代からの友人で作家の有島武郎*や東京帝大教授・吉野作造*を顧問に迎え組織したものである。

この会の目的は生活の科学的合理的知識を普及啓蒙することにあり、そのための具体的活動としては講義録『文化生活研究』（毎月一冊発行一二冊完結）や機関誌『文化生活』*（一九二一年六月〜二五年九月）の発行、講演会の開催、その他啓蒙図書の発刊や推薦日用品の販売なども行っていた。出版物の編集発行人は『楽しき住家』の版元でもある警醒社書店の福永重勝である。

しかし森本は一九二二年末この会から離れ「文化普及会」を組織し、より実際的な文化生活の啓蒙活動に入る。この会の成果としてW・M・ヴォーリズ設計による我が国最初の本格的アパートメント・ハウスが完成したことがよく知られている。

機関誌『文化生活』を通して見ると、西村の論文の掲載回数は森本、有島、吉野らを除けば三指に入るほど多く一九二三、四年では毎号のように掲載され、彼はこの雑誌の有力な寄稿者であった。そればかりでなく一九二二年末には講義録『文化生活研究』を西村の名で推薦する広告

＊有島武郎　ありしま　たけお（一八七八〜一九二三）　作家。学習院、札幌農学校卒。一九一〇年、雑誌『白樺』の創刊に加わる。一九二二年、北海道樺太の有島農場を小作人に開放した。代表作に『或る女』『生まれ出ずる悩み』などがある。次弟は有島生馬、四弟は里見弴。

＊吉野作造　よしの　さくぞう（一八七八〜一九三三）　政治学者。東京帝大法科大学卒。民本主義を掲げデモクラシー理論を展開し、大正デモクラシーの理論的支柱となった。

＊『文化生活』　一九二三年五月号より『文化生活の基礎』、一九二五年一月より『文化の基礎』と改題された。

榎本淳一　渡米時の船上にて1927年　角エリ子氏蔵

大嶋虎之助　新宮の西村邸にて

私の建築事務所

西村伊作

これまで、私が新聞、雜誌へ出した文章や著書などによつて、建築のことを私に御相談下さる人が澤山あつて、私は建築事務所を開かねばならなくなりました。

私は自分の出來る事で何か人のために働らく事が出來るならば、私の生活は幸福だと思ひます。

今迄、既に東京、大阪、神戸等の各地に數十軒の建築を完成し、或は施工中です。

私の建築事務所は現在、東京と御影町との各地に技術者を置き、**一般建築の設計監督及び施工**を致します。

私の特に興味を有つて盡す仕事は、第一には勿論**新日本人の生活に適する住家の工夫**です。歐州の民家風の住家(コッテージ)や、平屋で簡易生活に適するバンガローなどの様式で、特に日本人に適し、我々の趣味に合ふものを取り、世界的生活が出來て而も二重生活に陷らぬやうな工夫をする考へです。次には**教會堂、學校、ホテル、商店、事務所、劇場**などの、實用と美との兩方を兼ね備ふ可きもの、人間の社會的生活の容器を美化する仕事を望みます。其他**庭園、公園、土地經營、田園都市、都市計畫**などの方面にも種々の研究をなし、設計又は相談に預りたいと思ひます。

御照會は左の二ケ所のどちらかへ。

東京市神田區駿河臺袋町十二番地
西村建築事務所
(文化學院内)

兵庫縣御影町
西村建築事務所

西村建築事務所の広告　『明星の家』巻末に掲載されているもの　1923年

なども見られ、さらに一九二四年末になるとこの研究会に「建築設計相談部」と称する部門を設け、それを彼は担当していた。

関係者の証言によると建築事務所の銀座出張所とこの研究会の事務所は同一の場所にあり、『文化生活』の編集発行を担当した警醒社書店の事務所も同様であったという。このように西村はこの会の運営にも積極的に関わっていた。

もともと西村らの「芸術生活西村研究所」と森本らの「文化生活研究会」は、生活改善の啓蒙を目的とすることにおいて共通しており、両者が構想を練っていたのもほぼ同じ時期と考えられる。さらに警醒社書店が両者に深く関わっていることも共通している。異なる点は西村らは文化学院や建築事務所など実際的な活動を中心としていたのに対し、森本らは啓蒙誌や講義録などにおいて先行していた。しかしこの差異は両者が互いに補完しあうものであるともいえ、合流することは不思議ではない。

このようにして西村はこの研究会に参加していったが、この会は思わぬ展開を見せる。一九二二年末に森本はこの会を離れ、翌年六月には有島も軽井沢で情死する。発足当初の三本柱のうち二本は既になく、残るは吉野のみとなっていた。

このような状況を見て警醒社書店の福永は、当時既に文化生活推進の

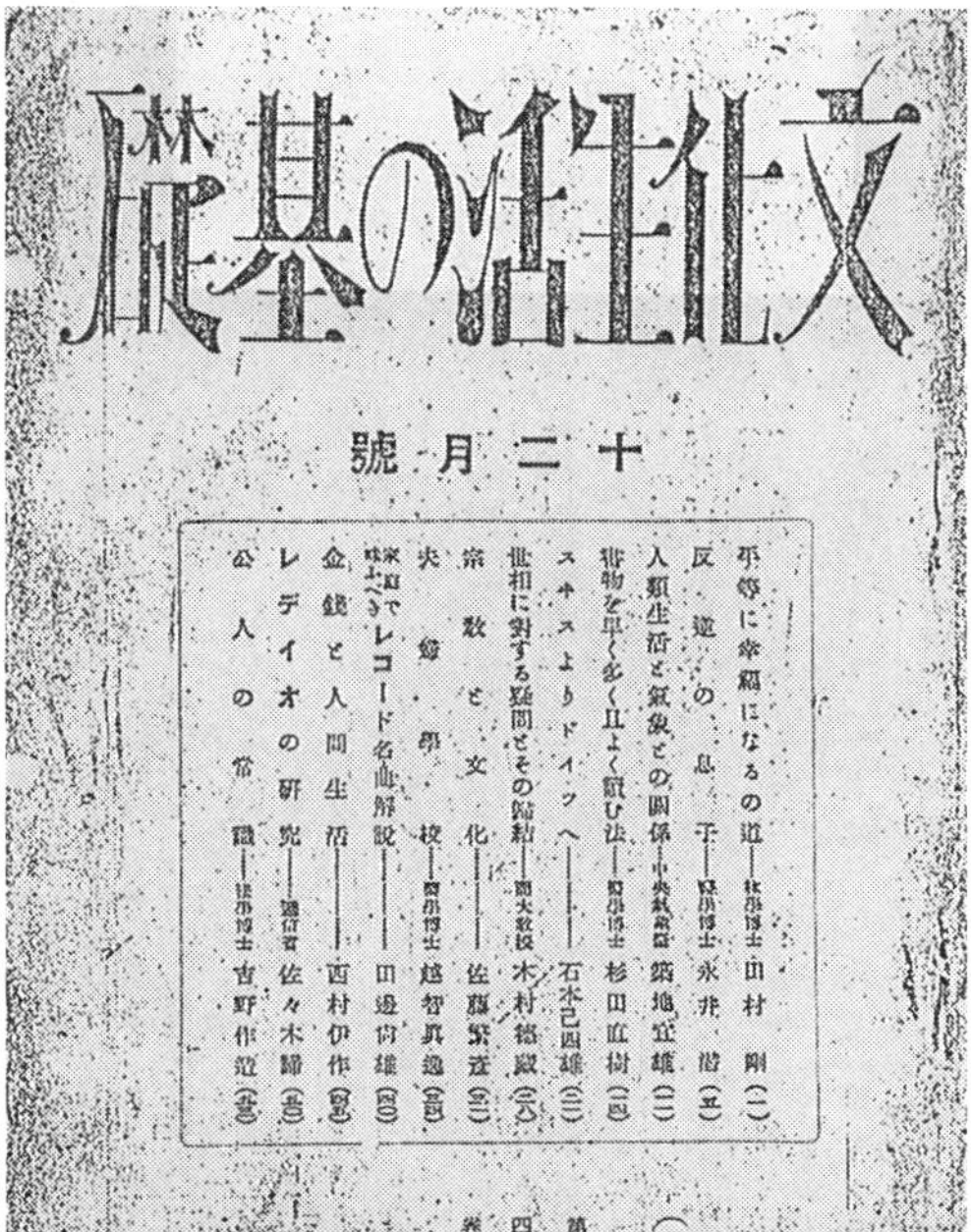

文化生活の基礎

十二月號

平等に幸福になるの道——林學博士 田村剛（一）
反逆の息子——醫學博士 永井潜（五）
人類生活と氣象との關係——中央氣象臺 藤地宣雄（一一）
書物を早く多く且よく讀む法——醫學博士 杉田直樹（一四）
スイスよりドイツへ——石本巳四雄（二一）
世相に對する疑問とその歸結——帝大敎授 木村總殿（二六）
宗敎と文化——佐藤繁彦（三一）
失戀學校——醫學博士 越智眞逸（三五）
家庭で味ふべきレコード名曲解說——田邊尚雄（四〇）
金錢と人間生活——西村伊作（四四）
レディオの研究——遞信省 佐々木騰（五〇）
公人の常識——法學博士 吉野作造（五七）

第四卷（一）

『文化生活の基礎』1924年12月号表紙

オピニオンリーダーたる地位を固め、資金的にも豊富な西村に一層の助力を願い出たのではないか。このように考えると一九二三、四年頃の機関誌に西村の寄稿が多くなり、建築相談部門を新たに設け、より一層この会に積極的に参加するようになったのも理解できる。このように西村は森本–有島に変わる柱として重要な役割を果たしたのではないかと筆者は見ている。

⑷　倉敷での活動

西村事務所の活動の中心は阪神間と東京であったが倉敷にも出張所を設け、この地に花開いた倉敷紡績を中心とした理想主義的文化と密接に関わる作品を残している。

事務所の建築作品を調査していると、その顧客は西村の理想に共鳴した生活改善などに熱心な人であることが多いが、倉敷での作品群もその典型であり興味深い。これらの作品は林源十郎（一八六五〜一九三五）という、プロテスタントで生活改善に熱心であった人物との交流から生まれている。林は倉敷紡績（以下、倉紡）社長・大原孫三郎が青年時代兄事した人物であり、大原のキリスト教感化と、大原の理想主義的会社経営に大きな影響をおよぼした。

先ず倉敷における残存している主な建築作品を紹介しよう。

旧日本組合基督教会倉敷教会会堂　一九二三年　倉敷市鶴形

近代倉敷の文化形成にプロテスタントの影響は非常に大きく、この会堂はその中心となった。会堂の下部は瀬戸内・北木島産の御影石を荒々しく用い、上部は木造漆喰塗りである。西村の作品としては最大規模の建築であり、彼の代表作といって良い。

旧林桂二郎邸　一九二三年　倉敷市祐安

林桂二郎は前述の林源十郎の次男。ここにはこの住宅も含めて連続した六棟の住宅があり、そのうち少なくとも三棟は西村の作品である。祐安の山際に位置し今なお水車が回る田園と西村の作品群が生み出す景色は美しい。

若竹の園　一九二五年　倉敷市中央

倉紡の従業員ばかりでなく一般町民の子供のための保育所でもあった。よく知られる大原美術館の裏手に位置している。倉紡の直営の施設ではないが、関連した福祉施設である。この園は西村の保育所の理想を実現したものと考えられ、バンガローを組み合わせた素朴な外観は今なお魅力的である。平面は遊戯室、食堂、午睡室等を別個に設けるなど極めて先進的な施設であった。

西村と林の交流は、一九二一年七月、倉敷文化協会の招きで「文化生活の実行」と題した講演をこの地で行ったことから始まる。この文化協会は大原が社員や倉敷の人々のために講演会や文化活動を行うために組織させたものである。

この頃倉敷教会では会堂建築の原案を検討中で、当初ヴォーリズ事務所に依頼していたが、どのような経緯からか最終的には西村に依頼するように決まった。そしてこの会堂建築を手始めに西村は次々とこの地で林家、倉紡に関わる建築を残していったのである。

倉敷基督教会　左は同時に竣工した牧師館

若竹の園

第4章　宗教的・思想的背景

(1)　西村とプロテスタンティズム・社会主義

西村は建築について専門教育を受けたわけでなく、その活動は学校教育によって方向付けられたものではない。彼は新宮において開明的な周囲の人々、具体的には熱心なプロテスタントの父や米国帰りで社会主義者となった叔父から強い刺激を受け、住宅改良の活動に入っていったのである。

このような西村の活動を理解しようとする時、宗教的、思想的背景から考察することはかなり有効であると思う。本章ではこれらのことについて述べてみたい。

西村のプロテスタンティズムについての想いは単純ではない。既に紹介したように、彼は宣教師の生活態度を非常に高く評価していたし、またそのことを肯定する次のような記述も残している。

「基督教新教の思想と彼らの教会における儀式とは既成宗教の内で最も常識的で現代人の生活に近いかと思います……」(「我生活とその理想」一九二〇年)

「我々の多数の思想は昔の清教徒が迫害の下に苦辛して而も堅く守って居た考へに殆ど近いものになりつゝあると思ひます。」(「新しい住家の洋式」初出誌は不明、『生活を芸術として』一九二二年に収録)

また、長女・石田アヤは、彼はよく讃美歌を口ずさんでいたと証言し、次のように回想している。

「父はよくピューリタンという言葉を口にし、彼らの簡素な生活、その女たちの灰色と白の服装までも真似ていいものだといった。」(『愛と叛逆—文化学院の五十年』一九七一年)

しかし、この宗教への没入を否定するような記述も残している。

「私はキリスト教の社会に入ってもほんとうにキリスト教を信じることはできないし、何の主義とかいうものには、そう熱意をもたない」(自伝『我に益あり』一九六〇年)

石田アヤも次のように回想している。

「彼は……(私達を)日曜学校に行かせ、自分の妻には教会の婦人会の役員か何かをさせながら、自分は、わしはもうキリスト教を卒業したんだ、と言ってはいたのだが……」(『愛と叛逆』)

彼は幼児洗礼を受けてはいるが、成人してから洗礼は受けていない。これらの落差はどのように理解すればよいのであろうか。

この疑問を解くために、彼の生育歴をキリスト教の観点から概観してみよう。

彼は七才までは熱心なピューリタン的キリスト教徒であった父のもとで育った。父亡き後は山深い村で祖母と暮らしたため、尋常小学校時代はこの宗教とは無縁の生活であった。広島での中学時代は叔母の嫁ぎ先である組合教会派の牧師宅から通い、この夫婦からも相当な影響を受けたと自伝で回想していることから、この頃キリスト教は身近なものであったに違いない。中学では教育勅語奉読の際、御真影に頭を下げなかったとして周囲の生徒から迫害を受けたことも自伝に記されている。卒業後は米国から帰国したばかりの大石誠之助から大きな影響を受け、社会主義、日露非戦に関わる活動を行う。

このように見て行くと西村の複雑なキリスト教観は誠之助からの影響が大きかったであろうことが推測される。

誠之助は自分の兄（西村の父）余平について次のような興味深い記述を残している。

「私の兄がキリスト教会で働いたのは、明治二〇年前後の我が国でオーソドックスの信仰が最も強く燃えていた時代で、彼も強烈なる信仰を抱いていたるところ伝道のために働いた。そして僅か三十八才の短い生涯を最も痛ましく終わったのである。併しながら私が今考えてみるに、彼の死は彼にとって必ずしも不幸なものではなかった。試みにその後のキリスト教会の有り様を見ると、彼の抱いたやうな信仰がいつまで持続せられたか。間もなく新神学だとか高等批判だとか、その他いろいろの名のもとに懐疑説が起こってきて、純なる信仰というものは殆ど地に帰ったやうな観がある。もしも彼が今日まで生存らへて居たならば果してよくこの境遇に適応し得ただろうか。私は甚だ疑わしいと思う。」

(「獄中断片」一九一一年)

文中にある新神学とは、明治二〇年頃我が国にもたらされたドイツ自由主義神学と呼ばれる聖書批判を伴った神学のことである。それまでは幕末から明治初期に伝道された聖書を重視するピューリタン的キリスト教であったため、指導者らは大きく動揺し、信徒らは大きな疑念を抱くようになり、教会からはなれていった者も多かったといわれている。

誠之助はその記述から兄余平の信仰を支持し、その後のキリスト教の変化に批判的であったことがわかる。誠之助から幅広い感化を受けた西村はこのような批判にも同調していたであろう。つまり、西村のキリスト教理解は父余平の信仰、ピューリタン的キリスト教であって、それから変化していったキリスト教には批判的であったのである。そうならば西村がピューリタンについてよく語り、彼らを高く評価していたことは理解できる。

新しい神学の導入によって混乱したということは、厳しい見方をすれば受けて立つ信徒らが神学的に脆弱であったとも言える。明治初期にこの宗教を受容した人々は、この宗教を神学的に掘り下げるよりも、そこから実践的な生活倫理を学び取ろうとする傾向が強かったのである。

与平らがこの宗教から学んだことの多くは、ニューイングランドのピューリタン的伝統の中で培われた生活の規律（自由平等・隣人愛・奉仕・勤勉などの精神や、一夫一婦制・禁酒禁煙・安息日の厳守など）、家庭の浄化、さらに生活や社会全体の改革であって、これらのことは神学的なことよりも強く印象付けられたのである。

誠之助や西村がキリスト教から距離を置くようになったもう一つの理由として、社会主義、日露非戦に関することが考えられる。我が国の初期社会主義は日清戦争後の産業の発達に伴う社会問題への批判を一つの源とし、当時の活動を担った人々の多くはキリスト教徒であって、その理念はキリスト教社会主義の影響を受けたものである。

彼らが日露非戦の想いを強めていた時、我が国のキリスト教界は内村鑑三*ら一部を除いて、世間一般と同様、主戦論を支持していた。このこ

＊内村鑑三　うちむら かんぞう（一八六一～一九三〇）　無教会派のキリスト教指導者。万朝報記者の時代、主戦論に抗議し幸徳、堺らと共に社を退社したことはよく知られる。彼が発刊した『聖書之研究』は当時の青年らに大きな影響を与えた。

とは当然キリスト教社会主義者の離反を招く結果となった。

以上のように西村は父の信仰した明治初期に伝道されたピューリタン的キリスト教には深く傾倒してはいたが、様々な変遷をたどったその後のキリスト教界とは一線を画したのであった。


既に第2章で西村は青年期、叔父誠之助の影響を受け、若干の社会主義に関わる活動をしていたことは述べた。この社会主義思想も西村の人生観の形成に大きな影響を与えたであろう。彼の記述を見ても大衆を意識した記述は珍しくなく、そのことが大正期に人々から大きな支持を得ることにもつながったのではないかと筆者は想像している。

この頃西村は社会主義をどのように理解していたのであろうか。このことについて戦後次のような記述を残している。

「(誠之助)は社会主義を政治的に考えるよりは人間の道として考えた。社会を主として考えるよりは、個人生活の正しいあり方を考えるために社会について考え、社会を善くすることを熱望したが、それは人間の心が善くなるためと考えていたことを、彼と常に話し合った私に強く印象された。……実は彼は革命には傍観者であった。なぜならば大逆事件の起こる以前に社会主義よりも家庭主義になっていた。家庭生活を楽しむことが人生のよりよいことだと思ったからだ。」(「大石誠之助追想」『熊

野誌』一九六一年）

この記述から西村は誠之助から、社会主義は人道主義的な思想であり、より良い私生活を送るための思想であると印象付けられたのであろう。この頃の草創期の社会主義思想は漸進的な社会改良主義的なものであったといわれており、そのことからすると西村の記述は十分理解できる。

その後我が国の社会主義は政府の弾圧によりかえって先鋭化するが、彼は結婚等を機にそこから距離を置くようになり、日常生活の改善に注目した生活を送るようになるのである。

さて、西村は社会主義者であったウィリアム・モリス（William Morris〈英〉一八三四～一八九六）に強く傾倒し、彼に関する文献を多数所有していたと長女の故石田アヤは記しており（『愛と叛逆』）、ここで西村とモリスについて触れておこう。

モリスは詩人、工芸家、社会主義者などさまざまな側面を持ち、それぞれの分野での業績は著しい。建築史においても必ず登場し、彼の創作活動はモダンデザインの源流の一つとして位置付けられている。

西村はモリスとどこで出会ったのか明らかではないが、おおよそは見当をつけることができる。モリスの『News from Nowhere：ユートピアだより』*を我が国で初めて一九〇四年に堺利彦がその抄訳を『理想郷』として出版しており、堺はその二年後、新宮の大石を訪れている。この

*『ユートピアだより』モリスの代表著書。一八九〇年。英国の社会主義者が夢をみてその中で、およそ二百年後のテムズ河畔の共産主義社会での体験を語るもの。

頃西村は叔父の大石と共に日露反戦活動をしていた時代であって、恐らくこの頃より既に大石を通してモリスのことを知っていたのではないかと筆者は想像する。

ここでモリスのことについて簡単にまとめておく。彼は当時一九世紀の芸術は衰退に向かっているとし、芸術の復興のために様々な提言を行った。まず社会に対しては、彼は商業主義を芸術の最大の敵と考え、社会主義の確立を求めた。この商業主義は分業制度を生み、それは労働者の生産への創意工夫を不要なものにし、労働の喜びを奪うと考えた。彼は芸術とは労働における喜びの表現であるとのべた。個人に対しては自然を芸術の源と考え愛護することを求めた。

生活の単純化は重要な課題であるとし、贅沢や奢りは無用な浪費となって労働を増加させ、真の芸術に対する目を眩ませ、商業主義生産による偽物を買わせる結果となると述べた。彼は中世のギルド社会のような社会、その中で営まれた誠実で単純な生活を賛美し、中世のよき面を弁護した。

モリスは建築活動をほとんど行わなかったが、建築を諸芸術の中心で最も重要なものと考えていた。彼の理想とする建築は、無名の職人の建てた中世民家のような建築である。『ユートピアだより』ではそこに登場する住宅は「多くは堅牢、可憐で質素な昔の農家のような……」と述べている。彼は構法や使用材料についても新しいものは求めず、昔からその土地にあるものの中から良いものを見分けて用いるように主張した。

彼の提唱した手仕事の復興とデザインすることとの再統合は、英国の工芸家や建築家に大きな影響を与え、その実践活動は〝アーツ＆クラフツ運動〟と呼ばれている。

このようにみてゆくと西村の主張とモリスの主張は多くの点で一致していることがわかる。例えば、社会主義——西村はそのシンパであることを認めている。分業制度の否定——西村は専門家であることを拒否し、山林業、文化学院、建築事務所などの経営、そのほか総合的な生活の改善に取り組んだ。生活の単純化は西村の主張の中心的テーマでもある。伝統的民家農家を理想とすることや、その構法や材料の使用なども共通している。

このようにモリスを通じて西村を見ると、西村の軌跡のかなりな部分が一致している。筆者は、西村は日本のモリスになろうとしたのではないか、と想像している。恐らく西村のそれまでの経験からモリスの主張に共鳴するところが大きかったのであろう。

モリスの我が国における紹介は、洋画団体「白馬会」の創立に参加した岩村透がモリスの死後から三年たった一八八九年、その思想を紹介している。堺の抄訳の出版はその五年後となり、富本憲吉は『ウイリアム

・モリスの話』を一九一二年に書いている。西村はこの富本を一九一七年新宮の自邸に一ヶ月間招き、共に創作活動を行っている。

大正期に入ると、芥川龍之介が東京帝大の卒業論文で『ウイリアム・モリス研究』を一九一六年に執筆し、宮沢賢治は花巻農学校教論時代（一九二一〜二六）ラスキン、モリスの話をよくしていたと伝えられている。大正一〇年代にはモリスについての著作が盛んに出版され、美術工芸、文学方面を中心としてモリスへの関心が高まっていた。このような状況のなかで西村も早くからモリスに強い関心を寄せていたのであった。

(2) プロテスタンティズム・社会主義が生活改善・住宅改良に果たした役割

先ず西村の住思想が形成された明治期のプロティスタンティズムについて検証してみよう。

プロテスタントによって我が国にもたらされた、日本の精神的伝統とは異なる人間観・家族観に基づく新しい生活思想は、単に生活の表面的な洋風化をもたらすのみでなく、従来の日本家屋の間取りを根本的に変える力となったことは容易に想像できる。

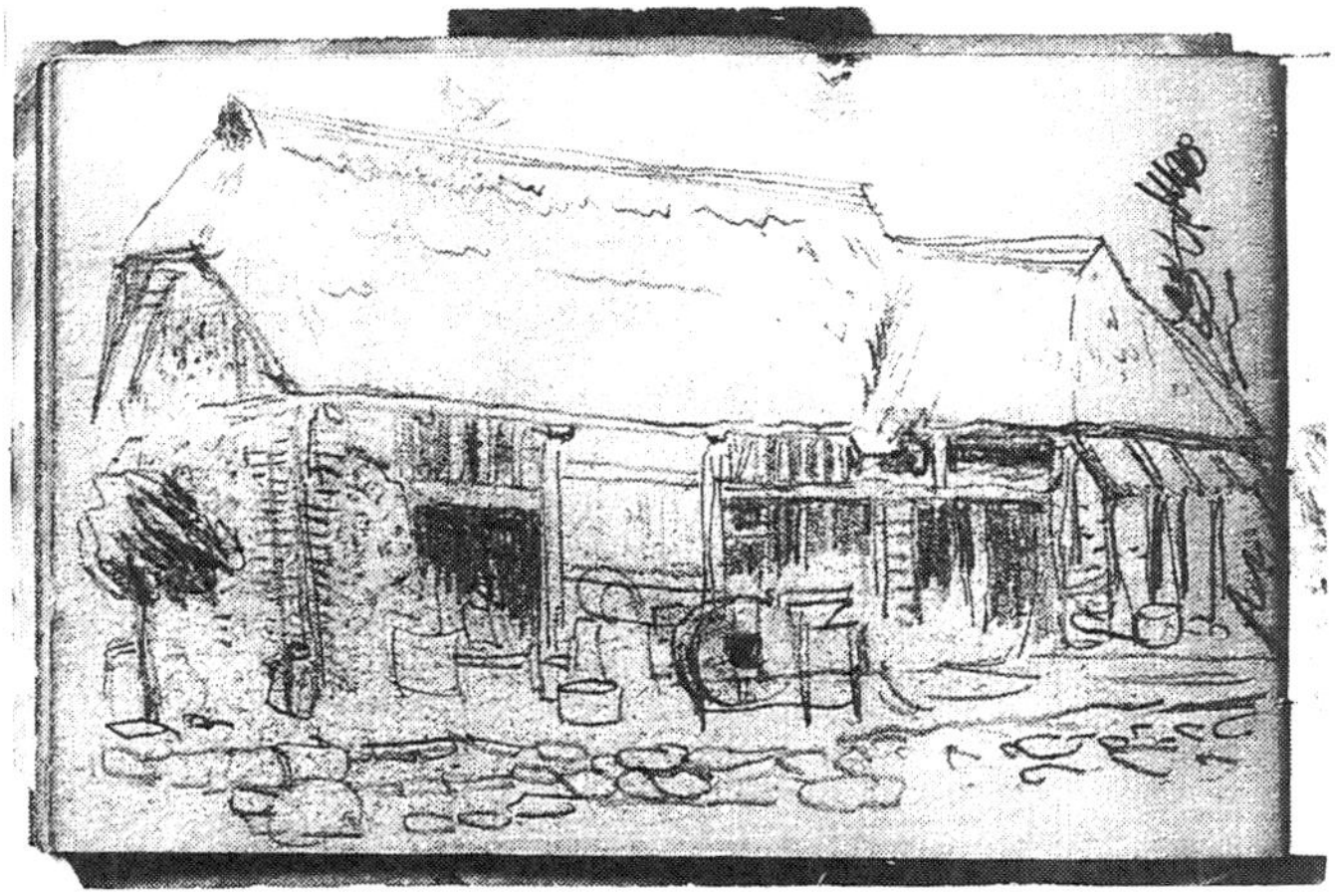

西村の民家スケッチ（文化学院蔵）

幕末以降のプロテスタント全体の歴史を概観しておこう。

一八五八(安政五)年、我が国は日米修好通商条約を結び、居留地における宗教活動の自由を保障した。その後同様の条約をオランダ、ロシア、イギリス、フランスと結んだ。このことを契機として、よく知られる宣教師としてはJ・C・ヘボン、S・R・ブラウン、G・F・フルベッキ、J・H・バラらが来日した。彼らは宣教師として来日した最初の人々であった。当時は切支丹禁制であって日本人への伝道は禁止されていたが、いずれ可能になると考えその準備を始めたのであった。

彼らはいずれもピューリタン的アメリカ人であり、そのキリスト教理解は本国においては既に保守的、時代遅れとみなされていた。そこで彼らの属する教派では復権運動として大覚醒運動を展開すると共に、拡大する西部や海外にも宣教活動を積極的に展開していった。彼らは新天地日本においてピューリタンの精神を復活しようと考えていたのであった。

一八七二年、我が国で初めてプロテスタントのキリスト教会、日本キリスト公会(横浜海岸公会)が設立され、J・H・バラが仮牧師として就任した。設立当初は公会という名が示すようにいずれの教派にも属さない無教派的教会として発足したが、そのことは結局成功せず一八九〇年頃より漸次教派的な活動に移っていった。

一八七三年、切支丹禁制の高札が撤去されキリスト教の伝道が黙認される。このことによって来日する宣教師らが増加し活動は活発となった。宣教師だけでなく熊本洋学校の教師として招いたL・L・ジョーンズや札幌農学校のW・S・クラークらも来日し、学生らにキリスト教の大きな影響を与えたことはよく知られていることである。

高札が撤去されたとは言え、あくまでも黙認されただけであって社会全体ではこの宗教を排撃する風潮は強いものがあった。

このような風潮の中でキリスト教を受け入れていった人々は、維新によって没落した反薩長藩閥政府の士族出身の青年らであって、彼らは宣教師から初めは英語や洋学を学ぶうちに、高潔なピューリタンの精神を持つ宣教師と人格的な触れ合いを通じてキリスト教の感化を受けるようになったのである。

青年らは単にこの宗教から個人的な安心立命を求めたのではなかった。そういった動機を全く否定することはできないが、多くの青年らはこの宗教によって日本人を変革し、西洋の学問を学び、新しい国家を建設するという大きな志を持っていた。

具体的に言うと、彼らはキリスト教から西洋の優れた点、家庭改良、女子教育、衛生、農業技術、といった技術的なものから一夫一婦制、禁酒禁煙、博愛の精神、など倫理的なものまで、さらに孤児院、病院施設なども含め学ぼうとしていたのである。当時のキリスト教は極めて啓蒙的な宗教であり、教会は西洋のことを教えるところであった。

一八七〇年代の後半になると、この宗教は地方の町や農村にも広まった。入信した彼らはその地方の豪農、豪商、名望家であった。一八八四年には新約聖書の翻訳が完成し、一八八七年には旧約も完成した。それまでは漢訳であったため、この宗教はそれを読むことのできる知識人のものであったが、翻訳の完成により、より広く一般に伝道することが容易になった。

一八八五年の頃より欧化主義の風潮が強まった。一八八五年は西村が生まれた翌年である。政府は先進国に対抗する意味でも、また、不平等条約を改正する意味でも近代的生産技術の導入や政治の近代化を急がねばならなかった。そのため風俗、教育等まで欧米風を模倣して近代を粉飾しようとした。このことにより政府のキリスト教に対する姿勢は一変し、好意を示し始めた。従来余り関係がなかった上流階級の人々までもが多数教会に加わり、時勢に敏感な青年らは教会の門に列を成したという。

しかしこのような時代は長く続かなかった。一八八九年、帝国憲法の発布により信仰の自由は保障されたが、このような国家体制が整うと共にこんどは保守的風潮が強まり教会活動は次第に困難になってきた。この時期のよく知られる事件としては、一八九一年の内村鑑三による教育勅語の不敬事件があり大きな社会問題となった。

このような教会にとって試練の時代といわれる期間が一八九〇年頃から約一〇年間余り続いた。教会がこのような状況となった理由は外部の圧力だけではなかった。他に、欧化主義の反動としての倦怠感や、新しい合理主義神学による信徒の動揺、教派合同の失敗が決定的となったことが挙げられる。

日清日露の戦争や産業の発達に伴い社会問題が激化し、そのような状況のもとで一九〇一年、我が国最初の無産政党である社会民主党が結成された。この政党の結成に参加した中心メンバー六名のうち五名はキリスト教徒であって、その主張はキリスト教人道主義的な社会主義であった。このように我が国の社会主義はこの宗教を母体にして生まれたといえる。しかしキリスト教界の大勢は社会主義に批判的であった。社会主義者らは次第にキリスト教は支配層の立場に立つ、それらに奉仕する宗教と考えるようになった。

このような経過をたどりつつ我が国のキリスト教徒はおおよそ次の三つの立場に分れてきた。一つは植村正久に代表される従来の聖書を特に重視する福音主義。もう一つは内村鑑三のような福音主義ではあるが無教会主義をとるもの。そしてユニテリアン主義と呼ばれる社会的実践活動に重点を置くキリスト教社会主義である。

大正期についても若干触れておこう。この期は概して伝道は盛んで、信徒も著しく増加した。この期の特長としては、この宗教は個人の内面的煩悶や葛藤を解決するための精神的指針や人生観を提供することが主な役割となった。つまり、明治期の草創期では近代日本形成のための精神的基礎といった理解が強かったが、大正期では私事化、内面化が進んだのであった。このようなこともありこの期のキリスト教は新しい文化の担い手としての側面は弱まったのである。

変わって文化の担い手として登場したものとして、生活改善では『婦人之友』などの雑誌、住宅改良では西村の活動など、文学では白樺派などがよく知られている。これらの人々を見てもわかるように、彼らへのこの宗教の影響は大きく、この宗教が呼び水となって文化の花を咲かせていったのであった。

さて、カトリックはどうであったかというと、カトリックも早くから伝道を目指し、一八六五（慶応元）年、長崎に大浦天主堂を建設したことはよく知られている。しかし信徒数においては明治末においてプロテスタント比で〇・八、大正末では〇・五であり、比較において社会的文化的活動は低調であったといわざるを得ない。

その理由の一つは、明治末まで布教はパリ外国宣教会に独占的に委ねられていたことがある。その頃の我が国の洋風文化摂取は米英独からが主流であり、フランス一国に依存するカトリックは不利であった。その他、カトリックはプロテスタントに比べ信徒は受動的にならざるを得なかったこと。また、ザビエルの布教による一六世紀からの信徒への対応に大きな力を注がねばならなかったことなどがある。

さて次に、プロテスタントの家族観・住宅観とはどのようなものであろうか。プロテスタントはその教理、信仰、教会組織、信仰生活などに聖書を厳密に適用しようとする傾向が強いことから、このことを聖書から見てみよう。

よく知られるように聖書には次のような記述がある。

・主なる神はいわれた「人が一人でいるのは良くない。彼のためにふさわしい助け手を造ろう」(創世記二・一八)

・人はその父と母を離れて、妻と結び合い、一体となるのである。(同二・二四)

これは、家族とは人間が考えたものではなく、神が人に与えたものであり、また、その家族は父母と離れて、夫と妻が中心となって形成される。つまり父母と夫の関係より夫婦の絆が強調され、その絆が家族成立の基本となる。このことは家名の継承を第一義とする我が国の伝統的な家族制度とは異なるものであることに注目すべきである。親の権威からの独立は旧来の家族制度を支える倫理から見ると親不孝であり、それに留まらず、家父長の権威の否定につながる。

・地上に平和をもたらすために、私が来たと思うな。平和ではなく、剣を投げ込むために来たのである。私が来たのは、人をその父と、娘をその母と、嫁をその姑と仲たがいさせるためである。そして家の者が、その人の敵となるであろう。私よりも父または母を愛するものは、私にはふさわしくない。私よりも息子や娘を愛するものは、私にふさわしくない。また、自分の十字架をとって私に従って来ない者は私にふさわしくない。（マタイによる福音書一〇・三四―三八）

ここでは家族それぞれがキリストに従う家族関係の構築を求めている。このことは旧来我が国の諸々の神や、家長などのあらゆる人間的権威を超越した唯一の絶対者としての神を認めよということであり、このような家族観は、旧来の家長を絶対的権威者として家族を支配する儒教的、封建的家族観とは根本的に異なる。そして家族それぞれが神の前では等しく尊重され平等であるという家族観が生まれる。

住宅は家族観を写すものであり、このような家族観をもつ人々にとって旧来の我が国の住宅である、主人とその客を過度に重視する住いは不適切であることは容易に想像できる。さらに聖書から具体的な住宅像を探ってみよう。

いうまでもなく「祈り」は信仰生活の最も基本的なものとして常に重視されてきた。プロテスタントにおいては特に神と信徒が直接交わる行為を重視している。「祈り」は神との対話であり、そこでは神を賛美し感謝する。また、罪の懺悔、告白、悔い改め、赦免の祈願等が行われ、他者のための祈り、とりなしの祈りも重要とされている。

この祈りの形態には家族が集った「家庭礼拝」における祈りと、個人の祈りがある。家庭礼拝は神こそが家庭の見えざる主であることを定期的、継続的に家族が認識し主を讃える場であって、そこでは共に聖書を朗読し賛美歌を歌い、そして祈る。

個人の祈りについて次の聖書の記述が興味深い。

・あなたは祈る時、自分の部屋に入り、戸を閉じて、隠れた所においでになるあなたの父に祈りなさい。すると、隠れたことを見ておられるあなたの父は、報いてくださるであろう。（マタイによる福音書六・六）

個人の祈りは周囲から隔離された場で祈ることが必要とされる。このことが「密室の祈り」といわれることである。その理由はこの聖書の一節では偽善を廃するためとしている。またその他にも、声を出しての祈りが好ましいとされ、黙禱は避けるべきといわれている。祈りの性質からして声が漏れない密室が望ましいことは言うまでもない。

以上のように、夫婦の絆こそが家族成立の要であり、主の前において家族それぞれが尊重され平等であるという家族観を持ち、また、礼拝、祈りといった行為を信仰生活の重要な要素と考えるプロテスタントにとってその理想とする住宅像はおのずから明らかになってくる。

家族が集い、主と交わる家庭礼拝の場はその家の最も重要な部屋であるはずである。精神的にその部屋は家の核であり、中心となるべきところで、先ずそのような部屋が必要である。次に個人の祈りの場としてプライバシーが守れる部屋、つまり各人の部屋、個室が必要となる。このことは個の尊重と平等といったことにも合致している。

つまり、家族が集う部屋と個室で構成された住宅がプロテスタントの教理から導き出される理想の住宅像といえるのではないか。

宣教師による生活改善啓蒙活動

プロテスタントの生活思想を伝えるのに大きな役割を果たしたのが宣教師らである。彼らには生活改善を目指して積極的に活動した人や、特にそのことを意識したわけではないが、自ら持ち込んだ洋風生活を日本人が見ることによって影響を与えた人々などがある。

西村が生まれる前年の一八八三年に開催された在日宣教師大会の報告によると、それまでに派遣された宣教師は三〇〇余名であってそのうち、準宣教師として任ぜられた男性宣教師の妻も含めると女性は六割に達し、彼女らが主に生活改善と関わった。出身は米国が圧倒的であった。

宣教師らの主目的はキリスト教の伝道であることは言うまでもない。彼らは米国におけるピューリタニズムの復興運動に関わって我が国に派遣されてきたのであって、ニューイングランド精神、つまりピューリタニズムを伝え、地上にこの宗教による天国を実現しようと考えていたのであった。そして様々な改革運動を実践してきた。禁酒運動や廃娼運動はその代表的なものであり、生活改善の活動はこのような改良運動のひとつである。

女性宣教師らの仕事の意図は我が国に「クリスチャン・ホーム」なるものを根付かせようとするものであった。これは米国の理想的家庭像であって、このことを教えることによって日本人の家庭改革を推し進めようとしていた。その主な舞台となったのは次々と設立されていったミッション系女学校である。

この「クリスチャン・ホーム」は家族皆のための楽園性を備えた唯一の慰安・休息の場で、そこは神聖さが保たれなければならないとされた。

このようなことが提案されたのも、我が国の家庭にはこうした家庭観が欠如していると考えられていたからである。

このホームを実現するためには家族の団欒、当時の言葉では「和楽団欒」あるいは家族の「楽しき交際」が不可欠とされた。そのため家族各自がキリスト教信仰を通じて家族倫理を育てること、具体的には夫婦の相愛、そのためには一夫一婦制の厳格な実施や男子からの一方的な離婚の規制などが主張された。

「クリスチャン・ホーム」は「スウィート・ホーム」とも呼ばれ、「楽しき家庭」と訳されていた。ここで筆者は西村の代表著書『楽しき住家』を思い出さずにはいられない。彼はピューリタンの生活文化に強く共鳴していたが、これらのことから彼のこの著書はクリスチャン・ホームの理念による居間式住宅の薦めであったのではないかと筆者は考えている。

宣教師が果たした役割を語るとき忘れることができない米国人がいる。その人はW・M・ヴォーリズ（William Merrell Vories 一八八〇〜一九六四）である。彼はYMCAを通じて、初め近江八幡商業学校の英語教師として我が国に派遣され、その後自ら近江ミッション（近江兄弟社*）を設立、キリスト教の布教および様々なキリスト教事業を展開した。

彼の建築事務所は一九〇八年（明治四一）年、近江ミッションの一環

*近江兄弟社　大正から昭和初期の時点で幼稚園、サナトリウム、建築事務所経営の他、物品販売などを手がけていた。また、メンソレータムの製造・販売でよく知られていた。

として開設され、四〇〇棟余りにも上る多くの住宅を残した。彼の住宅は中庸なアメリカンハウスであって、多くの人々から支持を受け、我が国にこのような洋風住宅が普及することに大きな役割を果たした。住宅以外でも彼の建築はよく知られ、心斎橋大丸、関西学院、神戸女学院のキャンパスなど多くがある。

近江ミッションは生活改善にも積極的に取り組み、ヴォーリズのよき協力者であった吉田悦蔵の妻・清野を中心とした活動はよく知られている。その活動は『家政塾』と呼ばれ、ミッションの公式事業として認められた。

宣教師と並んで新しい生活文化を我が国に伝えたのがプロテスタント系新聞や雑誌である。明治期の有力なものは『七一雑報』『福音新報』『六合雑誌』等があり、これらを丹念に見て行くと極めて早期からプロテスタントによって住宅改良の提案がなされていたことがわかる。ここでは特に数多くの記事が見られる前二者の刊行物からどのような提案が成されていたのか紹介しよう。

『七一雑報』（しちいちざっぽう）

我が国最初のキリスト教新聞であって、一八七五年から一八八三年までの間、その名が示すように七日に一度発行された。発行所は神戸の雑報社で社長・編集長は日本人であったが、実質的にこの新聞を主催したのはアメリカン・ボード*の神戸在住宣教師O・H・ギューリック(Orramel Hinckly Gulick)であった。当時はまだ外国人による新聞等の発行は認められず、このような形態を取ったのである。発行部数は約一〇〇〇から二〇〇〇部であって、当初は関西と東京であったがその後全国に広まっていった。

この新聞の発刊の意図はキリスト教の布教にあったことは言うまでもないが、その他にも科学技術、保健衛生、国内外の事情、教育などについて平易な文章で取り上げている。

これらの中で特に米国人医療宣教師ベリー(John Cuting Berry 一八四七～一九三六)は保健衛生の見地から「養生の法」と題する記事を執筆し、家屋の改良についても多くを割いている。筆者はこれを早期の家屋改良談として注目している。

この記事は創刊第一号の一八七五年一二月二七日から翌年九月二九日までの間、二四回にわたって連載され、全体は次の七項目に分かれている。

「各自の養生法」「空気を通す事」「室中を温暖にする事」「夏時小児を保育するための作法」「大麦煎汁、亜麻仁の煎汁、米粉煎汁、小児に

*アメリカン・ボード(The American Board of Commissioners for Foreign Missions) 米国ニューイングランドの組合教会派を中心とした海外伝道団体。しかしこの『七一雑報』は公会主義に基づく超教派的なものであった。

給る生牛肉、石灰水」「家屋建造ニオイテノ保健法」「病室の小告」

先ず「空気を通す事」では、諸病の原因の多くは換気が不十分であることから生じるとし、特に閉め切った部屋においての火鉢・炬燵等の使用、炭火から発生する炭酸ガスの害について注意を促し、簡易な換気窓の提案を行っている。

「室中を温暖にする事」では、成人・老人・幼児それぞれについて適切な室温を具体的に示すと共に、暖房のためには直火ではなく間接的に空気を暖める閉炉が良いとし、その暖房装置を示している。

「家屋建造ニオイテノ保健法」（七月七、一四、二一日）では、家屋について保健衛生の見地から九原則を定めている。それぞれを簡単にまとめると次のようである。

第一則　家屋を建築するには先ず空気の流通する土地を選ぶべし。

第二則　家屋に湿気あるは大いに心身を害するところにして諸病之により て発する。故に汚染物を蓄えたる湿気地において家を建てるは大いに宜しからず。

第三則　家人が常に集まり座する所の室は景色見晴らしを善くし、人をして愉快ならしめんことを要す。

第四則　家屋は必ず窓を大きくし能く光明を導きて朗らかならしむべし。

第五則　人室内に座する時は其窓より光線の直射せんことを要す。
第六則　寝室は凡て其相対せる位置に窓或いは入口を設けるべし。寝台を空気の流通する所に置きて、眠りて風に吹かるることは宜しからず。寝室は二階を宜とす。人が直に床の上に寝ることは大いに宜しからず。
第七則　空気をして清浄ならしめんために、室内はなるべく広大なるべし。
第八則　家屋を建造するには必ず先ず毎室内を暖るの設け無かるべからず。
第九則　室内には空気の流通清浄なるべき為の設け無かるべからず。

これらの内容はきわめて先進的であり、既に紹介した四五年後に定められた生活改善同盟会の住宅改善調査委員会から出された住宅改善の方針に近似した部分が少なくない。例えば第三、四、五則は家族が集う居間や茶の間の住環境の向上をうたっているが、これは「(改善方針二) 家族本位に改めるべし」に準ずる内容であり、従来の住宅観からすると大きな進歩である。第六則は「(改善方針一) 椅子式に改めるべし」に通ずる内容である。そして全九則を貫いていることは保健衛生の向上でありそのこと自体、「(改善方針三)……虚飾を避け、衛生及び……実用に重きを置くべし」と共通する。

この「養生の法」は医学の知識は言うまでもなく、物理化学の知識などを駆使したきわめて科学的なものである。当時の人々がこの記事を読んで西洋の進んだ科学技術の成果を知り驚嘆したものも少なくなかったといわれる。

この執筆者ベリーは米国メイン州で生まれ、ジェファーソン医科大で医学を学び、その他ニューヨーク大、ウイーン大で学んだ。一八七二年来日し神戸に赴任、医療活動や布教活動を行なった。来日中の業績として、監獄制度の改良、岡山キリスト教会の設立、同志社付属病院や看護学校の設立、などで貢献したことが特筆される。一八九三年帰国し、一九一二年には日本政府より叙勲されている。

既に報告されている初期の家屋改良談や在来住宅批判で優れたものとしては、一八九八年に時事新報紙上で連載された土屋元作による「家屋改良談」、一九〇三年『建築雑誌』誌上で発表された滋賀重列、矢橋賢吉、塚本靖の建築学専門家三名による在来住宅批判・住宅改良論、他があるが発表はいずれも一八九〇年代以降であって、今紹介した一八七五、六年のベリーのものは家屋改良談としてきわめて早期のものである。

この論文の執筆者は外国人であるが、日本人のために邦文で発表されたものであり、我が国最初期の優れた論文として遇するべきものではないかと筆者は考えている。

『福音新報』

これは一八九〇年『福音週報』として創刊され、翌年発刊停止処分を受けたがこの名に変更、継続された。一九四二年プロテスタント各派が政府の方針により統合されるまで続いた。経営、編集、主筆はいずれも植村正久*で、週刊として発刊された。

取り上げている内容は、内外の神学思想、社会時評、教界ニュースそして生活改善に関する記事などである。特に一九〇〇年代となって和洋料理、家庭看護、家庭教育、家事一般など家庭百科的な記事が毎号掲載されている。

これらの記事の中で特に注目されるのが植村による「衣食住」(一九〇二年)と、田川大吉朗による「信者の家、信者の服」(一九〇三年)である。

植村のものはキリスト教徒の立場から衣食住、特に住分野の改善を具体的に訴えるものである。

「家は道徳の学校なり。人間の教育庭訓に優れるものあるべからず。如何に家を建築すべきか。如何なる所に居を卜すべきか。之を衛生上の利害に鑑み、業務上の都合を標準として考ふるも又悪しきことに非ず。

*植村正久　うえむら　まさひさ(一八五七〜一九二五)プロテスタントの我が国第一世代の指導者。S・R・ブラウンの感化を受け一八七三年横浜基督公会で洗礼を受ける。富士見町教会を設立し日本有数の教会に発展させた。東京神学社を創立し「日本基督教会」の牧師を養成した。明治学院神学部教授。週刊『福音新報』を発刊し文筆をふるった。

然れども信仰上の結果如何にと顧ざるれば、恐るべき弊害を生じ、悔いても及ばざる場合に立ち至らざるを保障すること能はざるなり。……」

「たとひ仮の宿りなるにもせよ、家は霊魂の城郭なり。なるべく之を理想的に建築し、其の設備等が霊性上の利益となり得る様、深く注意せざる可らず。家屋の構造は社会問題の最も困難なるものゝ一つなり。一室に数人偕に眠食起臥するが如きは、多くの点に於いて不利益少なからず。殊に道徳に至りては、其の害最も甚だしきものあり。多くの不品行、及び多くの堕落は家の構造に起因せり。……」

「殊に日本現在の家屋が戸を閉ぢて密かに祈るべしとの教えを実行するに甚だ不便なるを記憶し、直ちに改良を行ひ難きにもせよ、セメては理想を茲に置かずんばある可らざるなり。家は心隅なく語らひて阻てなく親しむことを得べき所、世上の波瀾之を犯すの気遣なく、心平かに精神落ち付きて、悪しき思ひの洗滌せらるゝ所、利己の精神薄らぎて他愛の情熾に萌し、凡ての方面に於て徳を建て、大いに力を養ふに足るべき好個の避け所にあらずや。……」

このように植村は、我が国の住宅が狭小であること、プライバシーが保てないことを指摘しこの改善を訴えている。

この記事が掲載されたのは一九〇二年であって、この年は既に紹介した滋賀、塚本、矢橋ら専門家による早期の在来住宅批判が『建築雑誌』

に発表された前年である。もちろん滋賀ら三名の論文はプライバシーのみを取り上げたものではなく在来住宅を多面的に批判したものであって、植村のものと同様の重みでとらえることはできないが、しかし、キリスト者の立場から独自に述べたものとして注目に値しよう。

次に、田川大吉朗による「信者の家、信者の服」は住宅について二つの提案をしている。一つは玄関や取り次ぎの間など無駄な部分の排除と、他は共同住宅の提案である。前者は次のようである。

「日本の家は、商売人の家を除きまして、先ず門構へが有る。門の内に三四間の空地が有る。それから玄関が有る。其玄関の奥に取り次ぎの部屋が有る。それから応接の間があるといふことが、大体普通でありますから、家の割合には、地面が多く入り、又、人が多く入り、甚だ費へで有ります。

若し此作り方を改めまして、其玄関を省き、従つて取り次ぎの部屋を省き、門内の空地を省き、門がまへを省き、応接の間を、いきなり途にくつゝけて作りましたら、甚だ結構と思ひます。家の費用がそれだけ減ると思ひます。そうして、家の敷地がそれだけ少なくなる。即ち狭い地面が広く使はれ、小さい家大きく使はれ、少ない人で多くの用事が勤まる様為ると思ひます。……」

田川は従来の日本家屋を簡略化して、外部から直接応接間に入る家を提案している。この主張で注目するのは「応接間」を「居間」と読み替えれば、それはバンガローの平面となるということであり興味深い。

『福音新報』には、これら植村や田川のもの以外にも多くの生活改善に関する論文が見られる。それらに共通することは、封建的な家父長制への批判、一家揃っての夕食や団欒の勧め、その他生活改善には主婦の自覚が重要なこと、などである。このような主張は、言うまでもなく大正期住宅改善運動の最も主要な項目である接客本位から家族本位の間取りへの転換を推し進めた思想であって、この誌のようなキリスト教刊行物が、間取りの転換に間接的にせよ、重要な役割を果たしたのではないかと筆者は考えている。

以上、我が国においてプロテスタントが生活改善・住宅改良に果たした役割を探った。

では次に、西村が社会主義に最も近付いていた頃の社会主義者は生活改善や住宅改良にどのような考えを持っていたのだろうか。今日では社会主義から生活改善を連想することは難しいが、プロテスタンティズムがそうであったように社会主義もこれらとは密接な関係を持っていた時があった。この思想が家族観の変更、つまり家庭の民主化を推し進め、それが生活や住宅の在り方を変えていったのである。

当時社会主義関係の刊行物でこのようなことに最も大きな役割を果たしたものは堺利彦が一九〇三年に創刊した『家庭雑誌』である。既に述べたように、この雑誌には誠之助は料理関係の記事を中心に長期間継続して投稿していたので、西村もこの雑誌には関心を持っていたと考えられる。

この雑誌の意図は、堺が創刊号の冒頭に記した「我輩の根本思想」から明らかである。

「結局社会主義は人類平等の主義である、人類同胞の主義である、相愛し相助くる共同生活の主義である。そこで此社会主義より見える時は、夫婦が平等にして、相愛し相助け、信の共同生活を為すのが家の理想である。家庭は即ち其理想を現すべき場所である。……（この）事を、よくよく覚らせるように務めねばならぬ。そうして、此家庭の中よりして漸々社会主義を発達せしめて行かねばならぬ。是がこの雑誌を作るについての我輩の根本思想である。」

このように堺は家庭内の民主化を進め、社会主義を広めてゆこうと考えていたのであった。このようなことから『家庭雑誌』は居間式住宅成立のための思想的準備に貢献したと考えられる。

しかしその内容をみると具体的な改良の提案はほとんど見当たらない。例えば次のようなものがあるのみである。「台所廃止論」（一九〇六年、

＊上司小剣　かみつかさしょうけん（一八七四～一九四七）　小説家、読売新聞編集局長。堺利彦に兄事し、また幸徳秋水からの感化でクロポトキンの思想にも共鳴していた。作品には『灰燼』『鱧の皮』『神主』『東京』などがある。第五回菊池寛賞受賞（一九四二年）。

仲尾傘瀬）主婦労働の軽減のために各戸の台所を廃し、共同の台所を作ろうという提案である。そのほか目指すべき家庭のイメージを示すものとして「隅田川辺の好家庭」（一九〇三年）、「楽しき生活―郡長の一家族」（同年、木下油村）などがあり、具体的な住宅平面は示せてはいないが、接客は居間と食堂をかねた部屋でおこない、客と家族は同じ食卓についてもてなし、その後の団欒にも加わるといった、居間式住宅の住まい方が既に示されている。

『家庭雑誌』の他に生活改善に関わったものとして『簡易生活』がある。この雑誌は読売新聞記者であった上司小剣＊（延貴）と田中珂川（収吉）によって一九〇六年から翌年にかけて六号が発刊されたもので、創刊の趣旨は、日常生活から虚為虚飾を一掃する簡易生活主義を掲げ、穏健に生活改良を主張することを目的とした。創刊に際し小剣は『家庭雑誌』の発行社に書簡を送り、そこでこの雑誌は『家庭雑誌』の姉妹誌であると述べている。

この雑誌の創刊号冒頭には次のように記されている。

「我輩は今ここに其の（ワグネルの著『単純生活』）の流れを汲みて、簡易生活主義の伝道に従わんとす。叱れども簡易生活主義はワグネルの専有物にあらず、沸蘭西と日本と、世態、人情の同じからざるものあり、ワグネルと我輩と、必ずしも意見の一致を望むべからず。ワグネルにはワグネルの簡易生活主義あらん、我輩には我輩の簡易生活主義あり。……簡易生活は共同生活に依りて実現せらる。……直截に学術上より云はゞ、共同生活の完全なる実現は、共産制度の完全なる実行に待たざるべからず。各人の経済的平等を得たる上のことならざるべからず。然れども是れ専門学者の永久にわたりて攻究すべき宿題なる由にて、急場の間には合わざることなるとゝもに……

ここに於いてか我輩は、積極的に簡易生活を実行することの議論を暫く人々に譲り、消極的に簡易生活を実行することに就きて、些か力をつくすべし。……これ簡易主義としては、いかにも姑息なることの如きも、実は必要のことなり。……」（カッコ内筆者）

このように小剣はワグネル（Charles Wagner）著の『簡易生活』に影響されて創刊したことを明らかにしている。この書はわが国では幾人かによって訳されているが、早いものでは一九〇五年に『単純生活』（中村嘉壽訳）として出版され、その後一九一一年には文部省からも出版（相馬明次郎訳）されるなど当時大きな話題となったものである。

この雑誌も住宅改良に関する次のような興味深い記事を見ることができる。

「玄関を廃せ」上司小剣　一九〇六年

「小ひさき家」同　一九〇七年

これらは何れも巻頭記事であって、前者は創刊号のものであることなどから、小剣らはこのような主張を重視していたことがわかる。前者の内容を簡単に紹介する。

「人の家には大抵玄関と云うものあり。これが余計なものなり。無くても済むものなり。否な有って邪魔になるものなり。……セイゼイ三間か四間かの家に住みて、裕ならざる生計を営みながら、二畳か三畳かの玄関と称する空間を存して、座敷の狭きに苦しむ人の気が知れず。……我輩の家にては、取り次ぎに出でたる細君或は下女に名刺を出し、暫く待たせられたる後、漸く座敷に通され、こゝにてまた暫く待たされ、煙草盆が出る、茶が出る、五分、十分、二十分も経ちたる後、始めて主人が『ヤア』と云ひながら出て来ると云うが如き、煩雑にして勿体ぶりたること無し。……我輩と志を同じうして、簡易生活を営まんとする人は、請う先ずその玄関を廃し、已むを得ざる時の他は、主人まず直に客に接して、取り次ぎなる役目の為に、細君或いは下女を労すること勿れ。」

このように玄関に関わる、いささかこっけいとも思える当時の家庭生活の一端を紹介し、家長の体面を保つための場であり、経済的に見て無駄な空間であるこの部分を廃することを訴えている。このような主張は筆者の知る限りでは、『福音新報』誌上で田川大吉朗による類似の主張があり、このような主張は当時の人々に徐々に受け入れられて行ったものと考えられる。

小剣は玄関を廃してどのような住宅を目指したのかは示してはいないが、このようなものとしてすぐ思い浮かぶのはバンガローである。この主張が発表された年は、西村がわが国初のバンガローを新宮に建築した年であり、西村、小剣の両者は思想的にも接近していたことから、西村のバンガローへの注目と、このような主張とは関連があるのかも知れない。

もうひとつの巻頭記事「小さき家」の内容は、人は虚栄心を満足させるために、収入に不相応な家賃の高い家に住んでいることが多く、そのために生活難を強いられている。小剣自身は簡易生活を実行するために三間の長屋へ転居し、そこはたいそう気楽で便利であると感心した、という実質を尊ぶ小規模住宅の薦めである。しかしここに登場する小住宅は旧来の長屋であり、先の「玄関を廃せ」と同様新しい住宅像は示せていない。

小規模住宅の主張は西村の主張にも見られる。例えば、彼が一九二一年出版した著書は『田園小住家』であり、その中には小さな家を理想とすることを述べている。

以上、社会主義やその周辺の刊行物から『家庭雑誌』『簡易生活』の二誌を取り上げ住宅改良に関する記事を見て行った。これらの雑誌も大正期の住宅改良に深く関わる記事が少なくないことがわかった。

プロテスタントにしろ社会主義者にしろ、我が国の住宅改良において一定の役割を果したが、彼らは思想的準備を既に完了していたものの具体的提案はなし得なかったようである。恐らく、西村はそこに注目し、自分の行なうべきこと、つまり、居間を中心とした大衆が住みうる住宅を国民に提案することを自らの使命と考えたのであろう。彼の育ての親である大石誠之助が「太平洋食堂」を開店したり、『家庭雑誌』に洋食の料理法を投稿したりして食の分野で啓蒙活動を行っていたことを身近に見ていた西村にとり、自分は住の分野で社会に貢献しようと考えたことは自然であったに違いない。

第5章　住宅作品から

(1)　西村の作風

筆者は西村の住宅作品を現在五十数棟把握しており、その所在地は新宮、阪神間、倉敷、東京が主で、その他、愛知、長野、神奈川の各県に及んでいる。もちろんこれらは彼の作品の一部であって、実際はより広範囲に分布していたと考えられる。

これらの住宅作品から、西村の作風というべきものをまとめておきたい。

まず平面構成。居間がその住宅内で最大の面積を占める居間式住宅が大半を占めている。応接間を設けない住宅も少なからず見られる。寝室はほとんどが独立した部屋となっている。このように彼の作品は、主張を具体化したものがほとんどである。依頼者は彼の主張の共鳴者であったことが推測される。

外観は次のようであることが多い。小砂利混じりの広く平滑な漆喰壁に、渋く光る天然スレート瓦の大きな屋根を掛け、それに開口部枠を褐色にペイントし全体を引き締めている。高級な住宅では外壁に石材を荒々しく用い、白く平滑な壁面との対比が魅力的である。レリーフなどの装飾的要素はほとんどみられず、強いていうとハーフティンバー風の柱型を控えめに付加している作品が幾つかみられる程度である。

彼は外壁に下見板・ペンキ塗りを用いることは極少なく、彼はこのようなものを嫌っていた。屋根材料としては日本瓦もみられるが天然スレートを大層好んだ。

全体的なスタイルとしては、イングリッシュコッテージ・英国民家風の素朴なデザインがほとんどであり、彼もそれを好んでいた。彼は著書等で、小住宅ではアメリカンバンガロー、より大規模なものではイングリッシュコッテージを推奨しているが、恐らくバンガローなどの小住宅の依頼は少なく、彼の建築事務所への依頼は後者がほとんどであったであろう。

彼が英国民家風のデザインを好んだことは、彼がウイリアム・モリスから強い刺激を受けていたことを思い出す。恐らく彼の手本になった住宅はアーツ＆クラフツ運動に影響を受けた建築家の作品であった。新宮の自邸には一九二〇年代の雑誌『House & Garden』*が数多く残されている。この誌上で彼が好んだそのような世界を数多く見ることができる。

＊『House & Garden』 一九〇五年創刊の米国の雑誌。住いの改革を目指し、多くの読者を得た。

西村が好んだイングリッシュコッテージスタイル　『楽しき住家』より

(2) 住宅作品

では、筆者が把握している彼の住宅作品から地域別に幾つか紹介しよう。
（ここに記した各住宅の所在地は現在の地名である）

（新宮）

ＪＲ新宮駅から程近く、駅前商店街からわずかに逸れた伊佐田に、西村自邸（西村伊作記念館）があり、その筋向いには旧宣教師チャップマン邸、左手には東京の西村建築事務所を取り仕切った大島虎之助の設計による岡邸がある。このように伊佐田には西村に関わりの深い住宅がまとまって残り、ここは大正から昭和初期のモダンな新宮文化を偲ぶことができる貴重な一帯である。その他新宮には、西村が設計に深く関わったと考えられる佐藤春夫邸（佐藤春夫記念館）が東京から移築されている。

自邸（**西村伊作記念館**）
竣工－一九一四（大正三）年、所在地－和歌山県新宮市伊佐田
国登録有形文化財

伊佐田の通りから　西側面
左奥にチャップマン邸が見える

庭から　東側面　いずれも現状

西村伊作邸（西村記念館）

この西村自邸は、建築や家具のみならず周囲の庭園までも、彼とその家族が生活していた大正の頃、ほとんどそのまま残されている。また、庭に降りてみると筋向いのチャップマン邸を見ることができ、南国の明るい空、緑深い木々の中でこれらの建築は老朽化はしているものの魅力的である。

ここは長年、西村山林KKによって西村記念館として維持運営されてきたが、近年新宮市に寄贈され市が運営を引き継ぎ、将来は全面的な保存修理が予定されている。

彼は昭和戦前までに自邸を、新宮で三棟、東京で二棟建築しているが、新宮のこれは唯一残存しているもので重要である。文化学院を開設した一九二一（大正一〇）年以降、彼の生活の場は徐々に東京に移っていったが、杉並区阿佐ヶ谷に自邸を設ける一九二七（昭和二）年まで、年齢では三〇歳から四三歳までの間、ここを本宅とし、全国的な活動を行ったのであった。

彼の活動から見たこの住宅の歴史的意味は、この住宅での設計・監督の経験が代表著書『楽しき住家』の基礎となり、また、ここで多くの子供たちとともに洋風を基本とする家庭生活を実践し、彼の教育や生活改善の主張を確信のあるものにしていった、いわば彼の様々な分野の主張を完成するための総仕上げの場となったのである。従ってこの住宅は彼

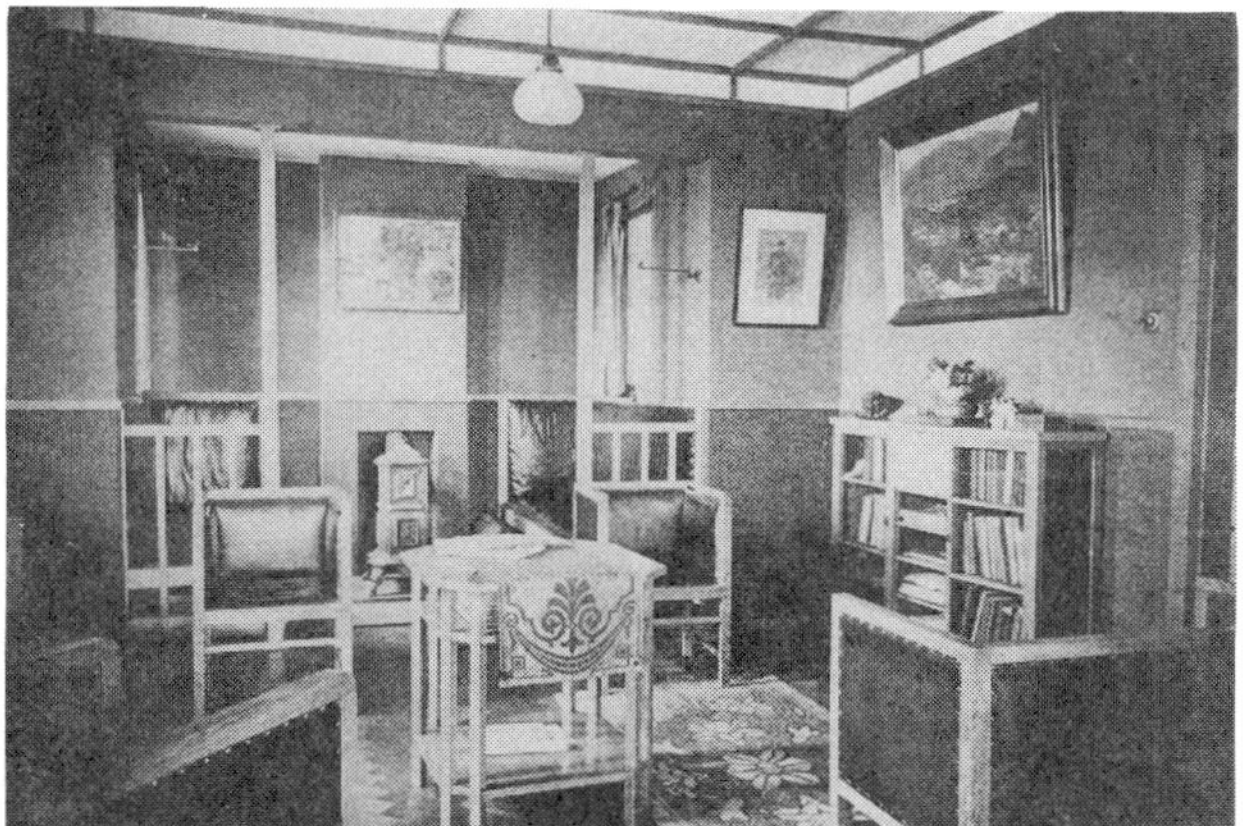

内部　(『田園小住家』より) 現在でもそのまま残されている。

にとって記念碑的なものといって過言ではない。
この住宅が竣工したのは、大逆事件で叔父を失った三年後である。この事件によって大きな痛手を負ったが立ち直るのは早く、竣工前年夏には画家・石井柏亭を前の自邸に長期間招き、ともに創作活動を行い、そして竣工した年には日比谷美術館で個展を行っている。そして翌年には二科会に入選を果たすのである。また、その年には加藤一夫と共に雑誌『科学と文芸』を創刊するなど、絵画を中心に積極的な活動をおこなった。

この住宅の設計は彼自身が行い、地元の大工・岡崎松次郎を指導して完成させた。岡崎は西村が最も信頼していた大工であって、その後も西村の作品を多く手がけた。

平面構成は、一階は中央東西に玄関ホールを貫通させ、玄関を入って右手南側にこの住宅の中心というべきパーラー*と食堂を配置している。この両部屋は折りたたみガラスドアで隔てて一体として使用できるようにし、そこにはイングルヌック*やベイウインドウ*を設けている。ホール左手には事務室、台所、家事室、便所、裏階段などがある。

二階は寝室と浴室である。階段ホールをはさんで南側には主寝室と客用寝室を設け、他は大勢の子供の寝室に当てた。その他簡単な床の間を備えた和室も設けている。

＊パーラー（parlor）　客間の意味合いの強い部屋であるが、数年後この部屋を彼は居間と言い換え、気の置けない客のもてなしや、家族の団欒、また自分の仕事部屋などとして使用した。

＊イングルヌック（ingle-nook）　部屋に備えた暖炉などを囲む小空間。もともと英国の大邸宅などに見られたものであるが、米国のバンガローでも取り入れられた。

＊ベイウインドウ（bay window）　出窓。西村邸では床から張り出している。

二階平面図

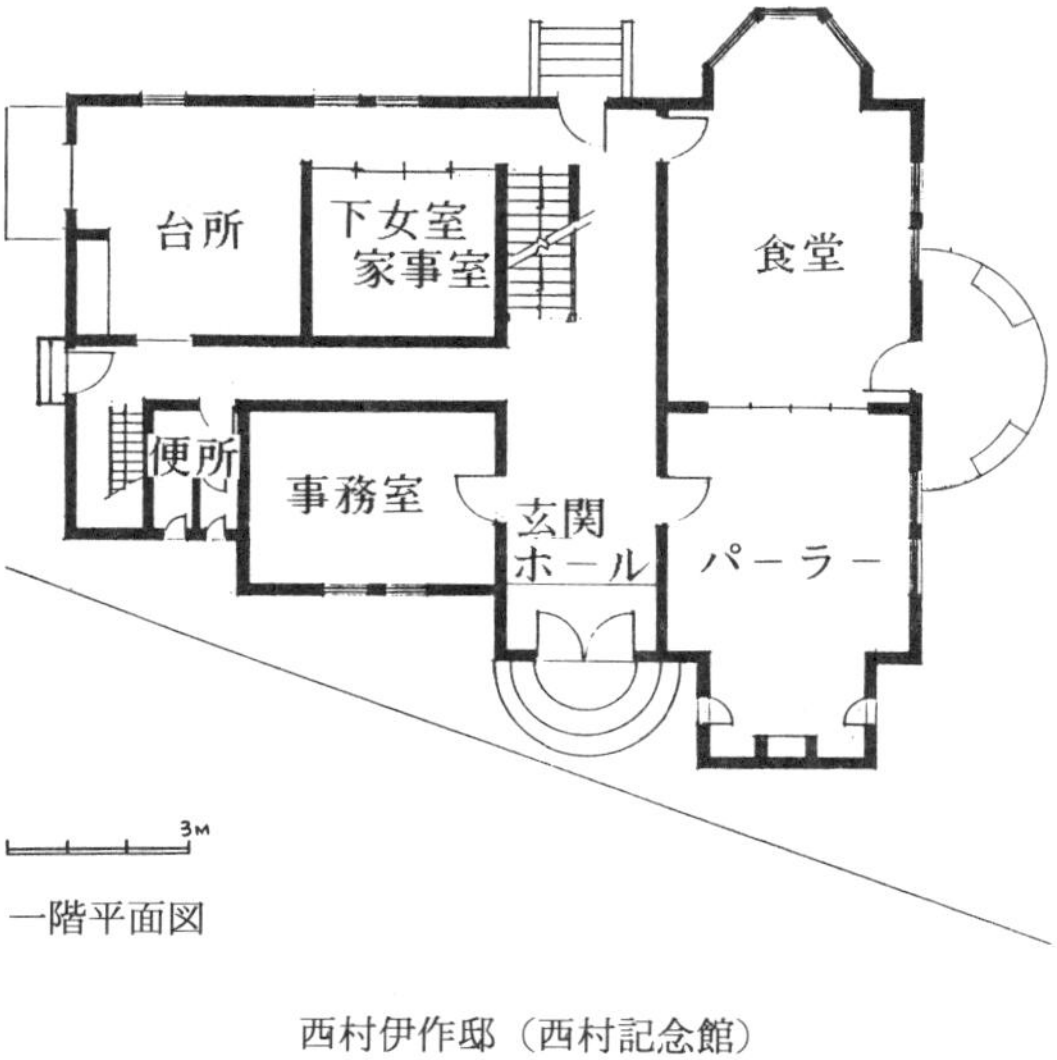

一階平面図

西村伊作邸（西村記念館）

一、二階の他に屋根裏部屋と地下室がある。前者は広い空間を確保して乾燥室、倉庫などに用いられ、給水タンクなども置かれている。後者は洗濯室、ボイラー室となっている。彼は機械や建築設備にも興味を持ち、この住宅では温風暖房、給湯給排水設備の他、工夫して水洗便所の設備も備えられていた。

この平面構成がどのように決められたか彼は語っていないが、A・J・ダウニングの代表著書『カントリーハウス建築』（一八五〇年）に掲載されたイタリアンビラの平面とよく似ている。

ダウニングは一八〇〇年代中頃の、米国の住宅に非常に大きな影響を与えた人物であって、パターンブックと呼ばれる図面集を通じて全米に彼がデザインした住宅が広まったのであった。このことから自邸も米国の生活文化に強い影響を受けた住宅と言えよう。

室内で注目すべきところは、意匠的に用いられている木部が細く、木部やプラスター壁などのレリーフ・刳り方等がほとんど見られず、全体が直線で構成されていることなどである。彼は単純を尊び経済性を重視していたが、このようなことが彼のデザインに現れている。

外観においてもこの方針は貫かれているが、ここでもっとも特徴的なことは、軒先から降ろしたガンギと呼ばれる、紀伊半島の山間部、特に西村本家のある北山村で特徴的に見られる、幕板を軒先から降ろしてい

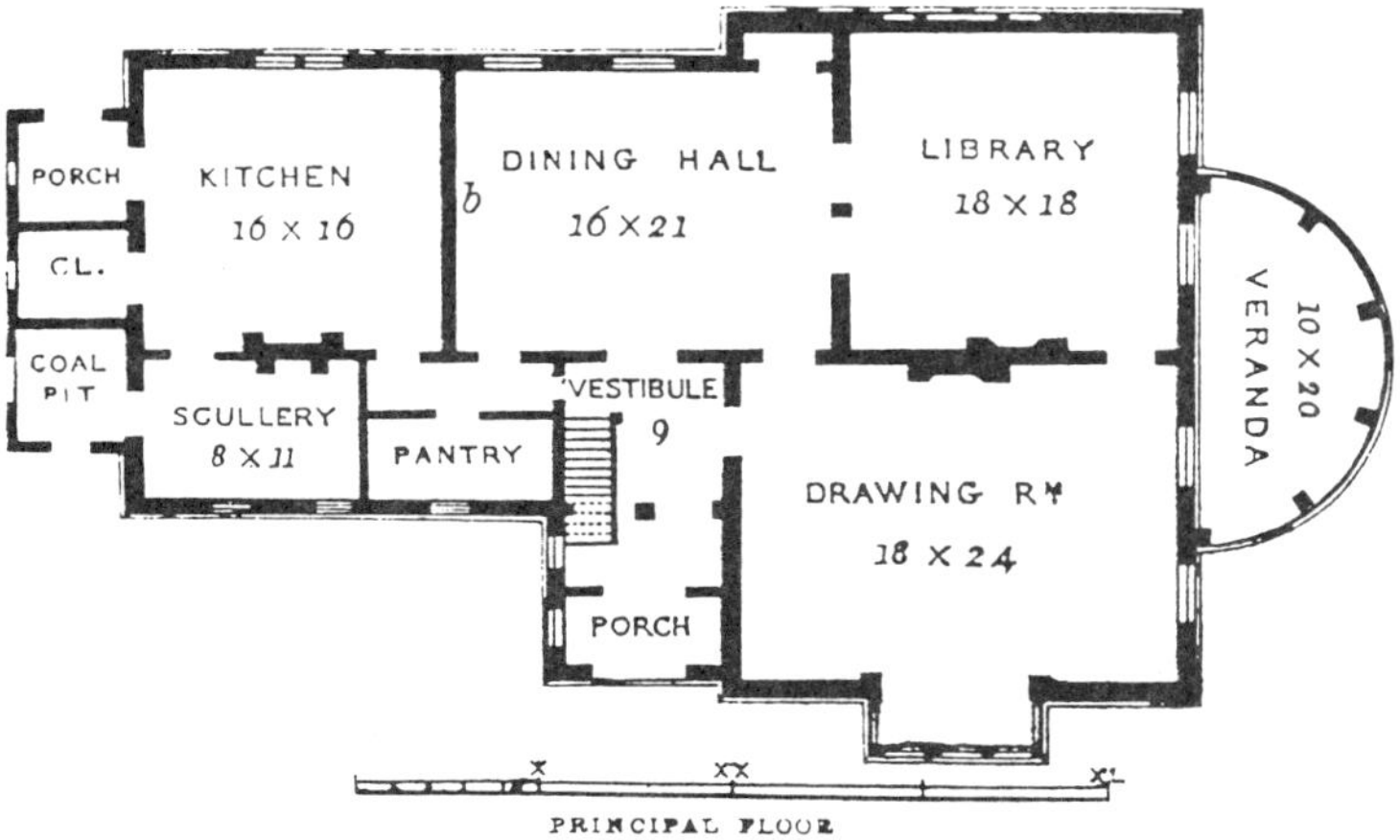

ダウニングのイタリアンビラ平面図

ることである。彼は民衆の家・民家に注目しそこから学ぼうとした。また屋根に民家のデザインを取り入れることで周辺の民家との調和を目論んだのである。

旧宣教師チャップマン邸

竣工－一九二六（大正一五）年、所在地－新宮市伊佐田

沖浦恵子邸として残存（非公開）

E・N・チャップマン（Earnest Newel Chapman、一八八八〜一九七二）は米国長老教会から一九一七年派遣され来日し、一九一九年から紀伊半島南部を中心に伝道活動を行った宣教師で、筋向かいに住んでいた西村とは親しく交流した。

この住宅は戦後、旅館の別館として使用されたため正面に大きく増築されているが、チャップマンの遺族から資料提供を受け復原図面を作成することができた。

内部一階は玄関ホールを中心に事務室、居間、食堂、台所を配置し、居間・食堂は西村自邸と同様一体として使用できるようになっている。二階は階段ホールを中心に各寝室が配置されている。床は楢フローリング、壁は平滑なプラスター壁、一部の部屋は腰壁、作り付け家具などか

ら構成されていて、レリーフなどの装飾的要素は見られない。
外観は一部にハーフチンバー風に柱型を取り付けているが、ほとんどは単純な線でまとめられている。このように西村は装飾的要素を全て否定してはいないが、極めて控えめである。彼の著書名を借りると『装飾の遠慮』なのである。外壁材料は西村が他の住宅でもよく用いている小砂利交じりの漆喰で、屋根はこれも西村が好んだ天然スレートを使用している。
この住宅は西村自邸と並んで伊佐田の景観形成に極めて重要なものである。

佐藤春夫邸　**（佐藤春夫記念館）**
竣工－一九二七（昭和二）年、所在地－東京都文京区関口から新宮市速玉大社境内に移築

『田園の憂鬱』（一九一九年）や『殉情詩集』（一九二一年）などでよく知られる作家・佐藤春夫の住宅である。

佐藤と西村は同郷の友人であって、西村の新宮自邸には帰郷した佐藤が度々訪れ親しく談笑していたという。佐藤の小説『美しい町』（一九二〇年）の主人公テオドル・ブレンタノは西村をモデルにしたものといわ

旧宣教師チャップマン邸　竣工当時
（両写真とも長女メアリーベアード氏蔵）

チャップマンの家族　居間にて　1937年のクリスマス

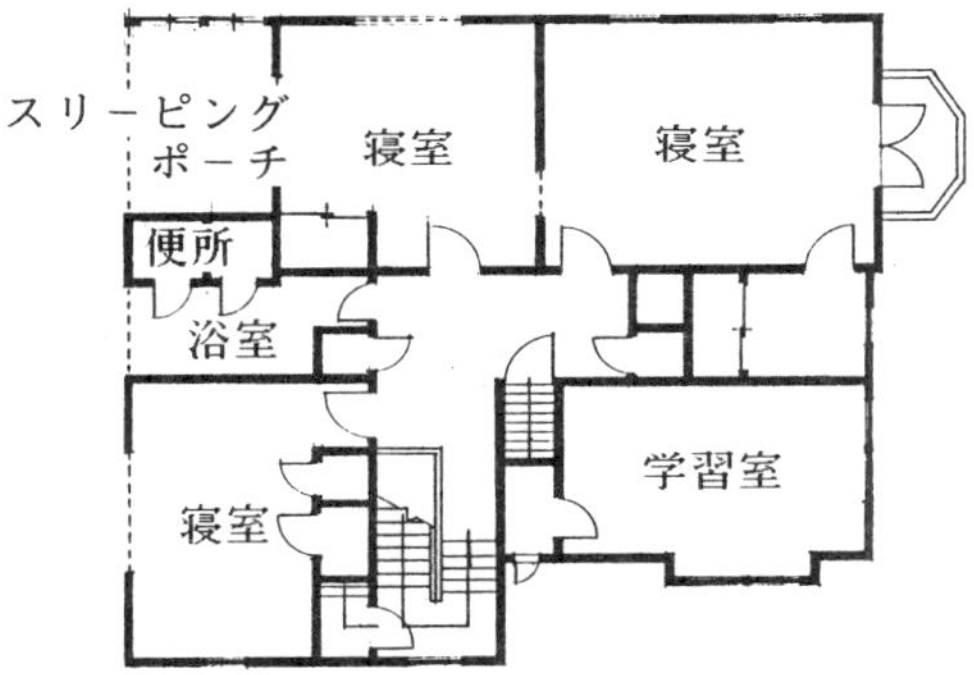

二階平面図

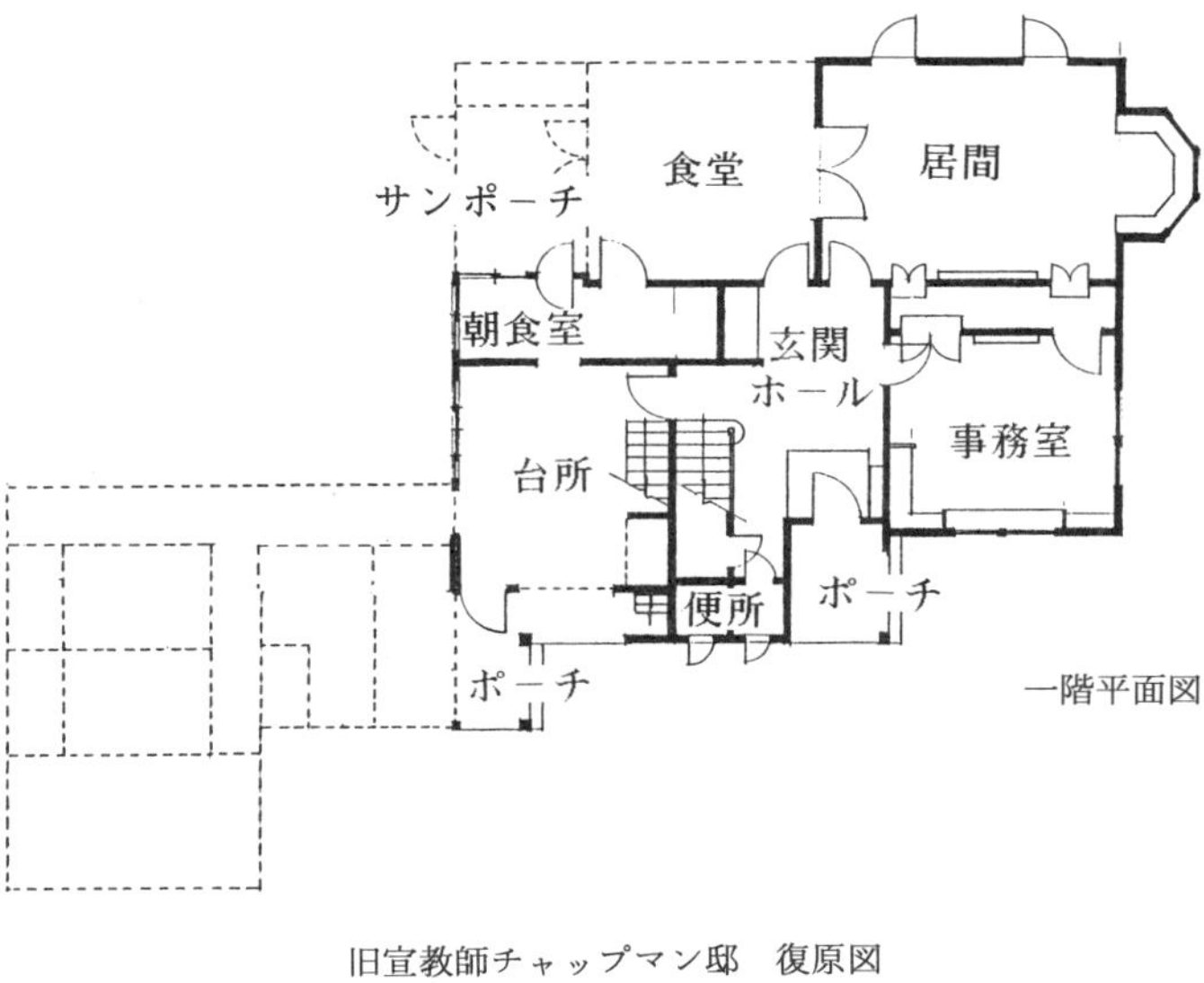

一階平面図

旧宣教師チャップマン邸　復原図

移築され記念館となった佐藤邸

客間　移築前

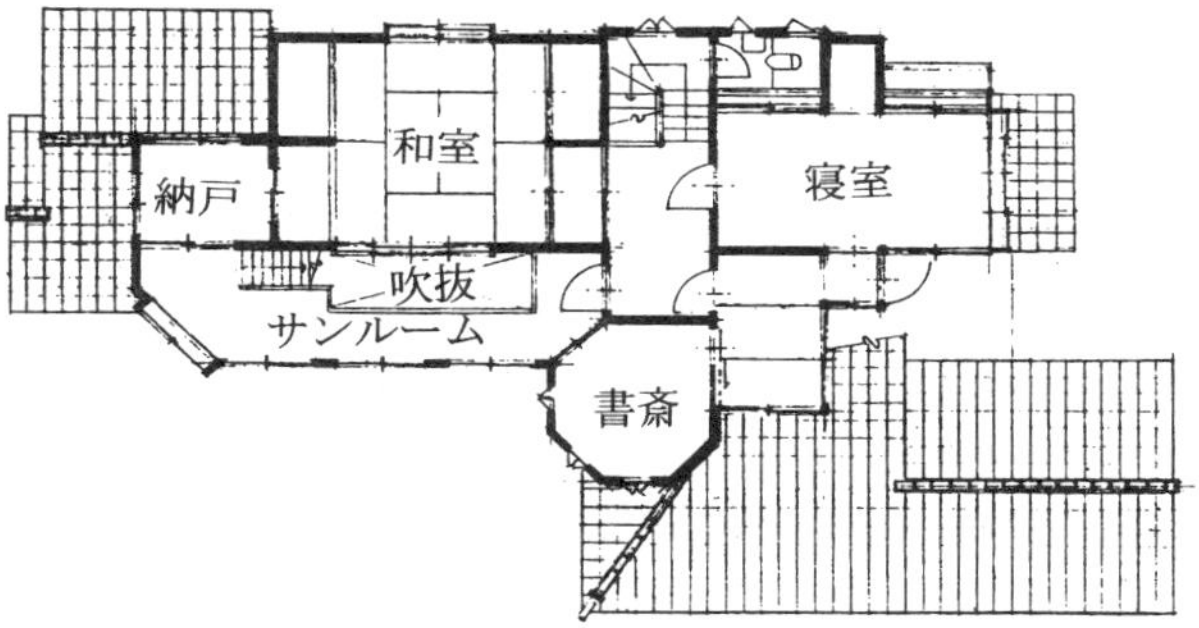

二階平面図

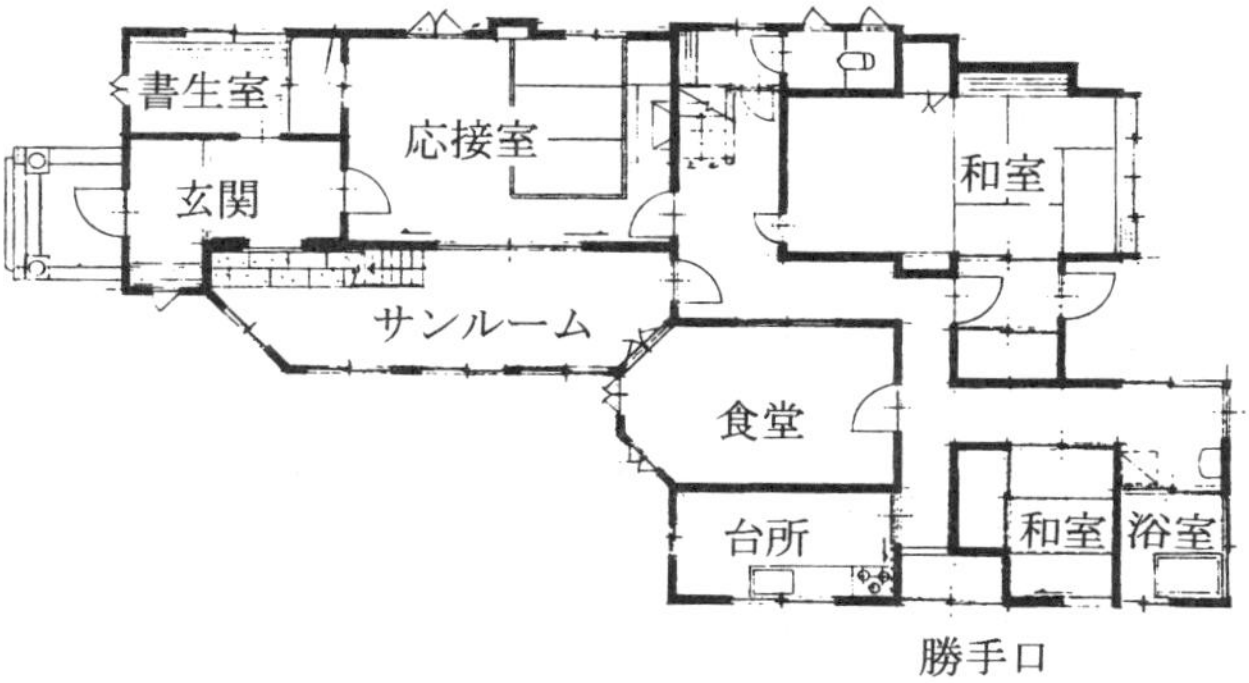

一階平面図　解体前

佐藤春夫邸（佐藤春夫記念館）

れ、その他『西班牙犬の家』(一九一七年)で描写されている空間なども西村の空間と多く共通している。

この住宅については、佐藤は西村に相談しながら自分で設計したとの説があった。その後、関係者の証言によって西村の実弟大石七分が図面を引いたことが明らかとなった。筆者は三者の関係を考えると、佐藤と西村でアウトラインを決め、実施設計は七分が行ったのではないかと想像している。いずれにしても西村とは関わりの深い作品であるので紹介しておこう。

この住宅は東京・文京区から佐藤の生まれ故郷である新宮市に一九八九(平成元)年移築され、彼の記念館として公開された。解体直前の佐藤邸の姿が図面に残されている。

なんと言ってもこの住宅で注目されるのは塔である。この塔は佐藤の小説『更正記』(一九二九年)で、文士・須藤初雄がドイツの巨大飛行船・ツェッペリンをこの避雷針に捕まって見物した塔として登場する。設計者はこの塔を住宅のモチーフにしようと考えたことは間違いない。この二階を佐藤は書斎としていた。

屋根は日本瓦の和風。一階サンルームの連続するアーチや玄関のアーチドアなど洋風の意匠も数多く見られる。和洋の意匠が渾然と入り混じり、それでいて奇妙さを感じさせない。

この住宅は最初からこの図面のような姿であったわけではない。大きく異なるのは、二階のサンルームである。ここはガラス屋根が葺かれ、彼が好んだ「のうぜんかずら」越しに木漏れ日が差し込む吹き抜けとなってこの住宅の魅力を一層引き立てているが、竣工時は二階は全面床の張られたベランダであった。

雨漏りのためにこの床が腐り、様々な経過をたどってこのような空間が生まれたのである。この経緯については彼の著書『人生の楽事』（一九五六年）に詳しい。

もう一つ述べておかなければならないのが図面上で「応接室」と記された部屋である。新しい住宅建築にも造詣の深かった彼は、西村が主張した居間中心の住宅思想を十分理解し支持していたであろう。この部屋は元々居間として計画されたものだったのではないか。そしてこの部屋には一部畳が敷かれているが、これは後に敷かれたものである。

これらの二つの事象は、大正期住宅改良運動の揺り戻し、和風への回帰とも見ることができよう。

なお、この住宅の大工は新宮の西村自邸と同様、岡崎松次郎である。

（阪神間）

阪神間は、明治初期から官営鉄道が開通し、また、六甲山の南麓に広がる自然環境にも恵まれた地域であった。明治三〇年代になると資本主義の発達と共に大都市大阪の都市環境が急速に悪化し、また鉄道資本による郊外生活の宣伝や、田園都市の理念の我が国への紹介などがあり、富豪らが別荘や郊外住宅を次々と設けるようなっていた。そして大正から昭和初期にかけてモダンな生活文化が花開いたのである。

西村が御影に初めて建築事務所を開設した前年の一九二〇（大正九）年、阪急が三番目の鉄道として山の手に開通した。これによってより山麓側にも住宅地を開発することができるようになり、この地域の開発に拍車がかかった。このようなことも彼がこの地に建築事務所を設けるに至った遠因かも知れない。

筆者はこの地域で彼が手がけた十数棟の住宅を把握しているが、実際はその何倍も存在していたに違いない。これらの中から幾つか紹介しよう。

江藤嘉吉邸

竣工－一九二二（大正一一）年、所在地－神戸市東灘区御影町

戦災で焼失

この住宅は西村事務所の『住宅案内』で紹介されているものである。

西面から見た外観

居間　いずれも江藤嘉祐氏蔵

江藤嘉吉邸

台所

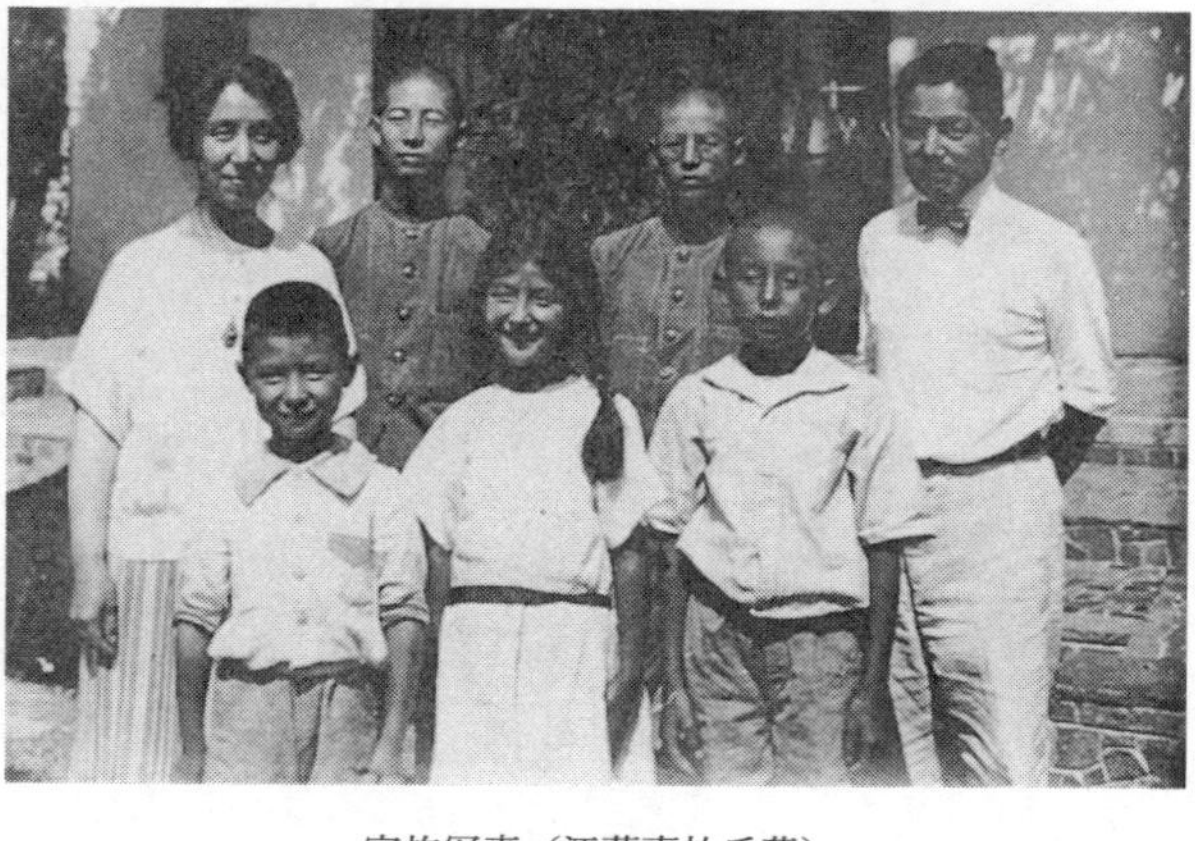

家族写真（江藤嘉祐氏蔵）

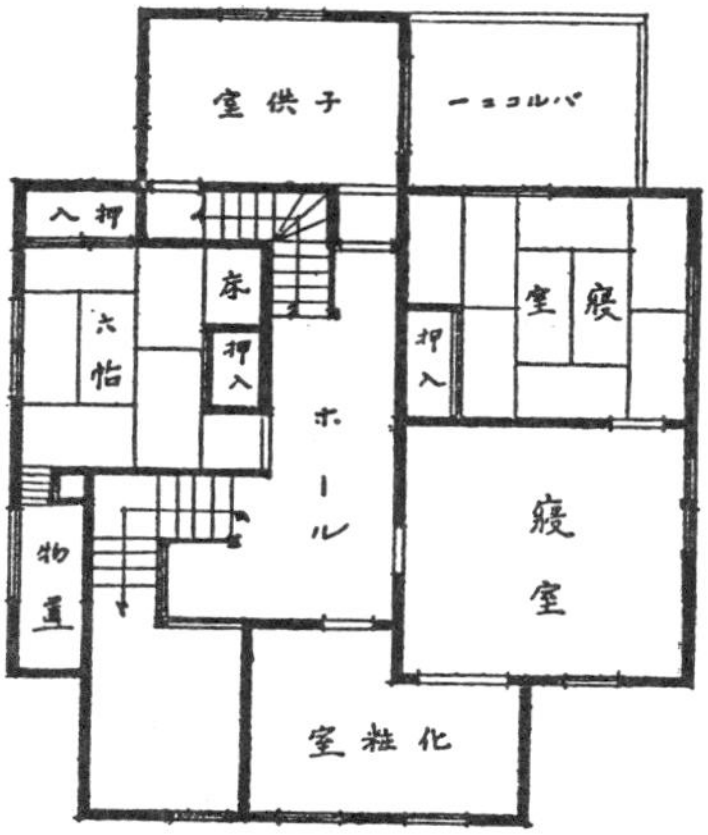

二階平面図

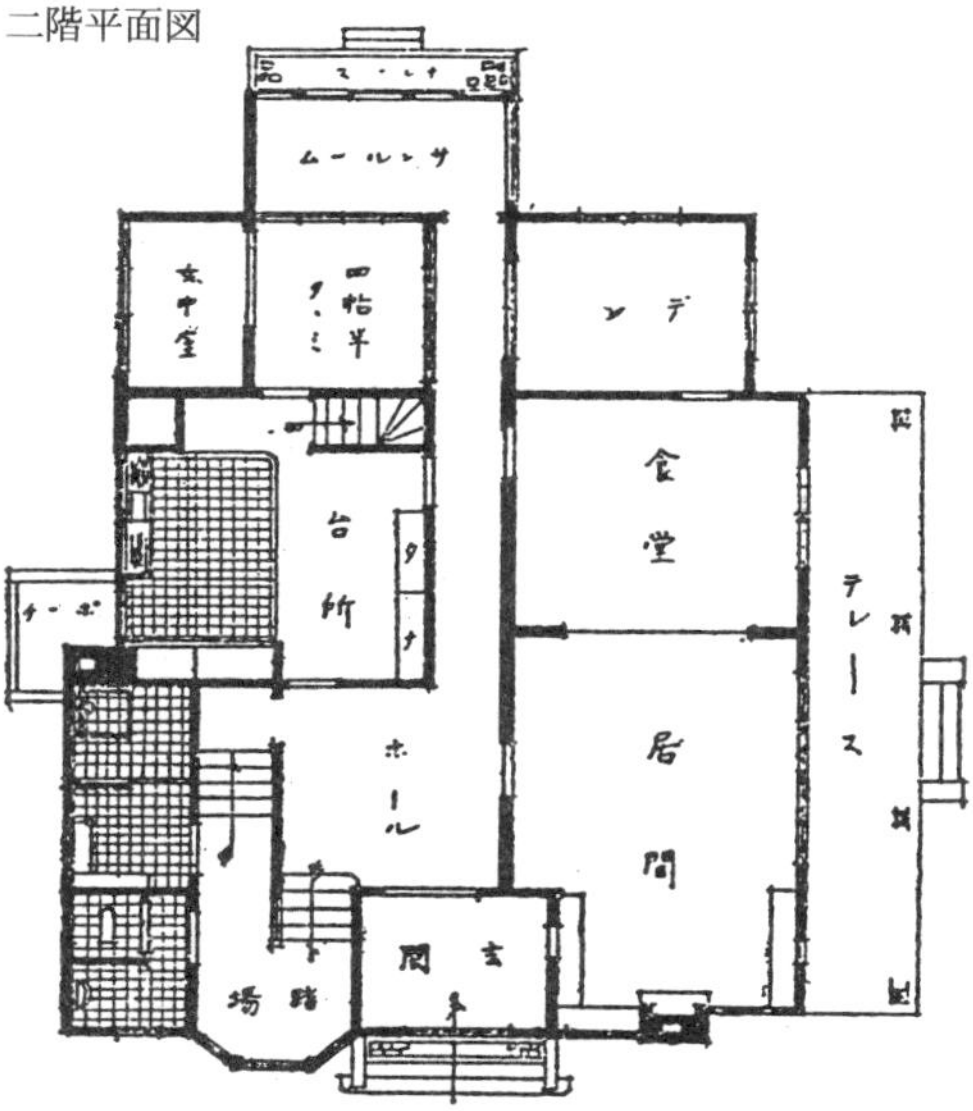

一階平面図

江藤嘉吉邸（『建築案内』より）

嘉吉は一八八一年に江藤家の三男として生まれた。父は大阪の貴金属商「尚美堂」の創業者で、嘉吉も専務取締役を務めた。嘉吉は「同信会」と称する無宗教派のキリスト教徒であって、またトルストイにも強く傾倒していた。西村はこの住宅が竣工した後も度々訪れ、親しく交流したという。

一階は玄関ホールと中廊下が動線の要となっている。広い居間を設け、特に応接間がないのは西村の持論どおりである。浴室・便所の入口を階段の踊り場に設けることも西村は薦めている。

遺族の証言によると、屋根は天然スレートで葺き、外壁は小砂利交じりの漆喰。内部の造作にはオーク材が多用された。給湯設備、水洗便所が完備され、暖房や調理には電気が用いられた。竣工当初は靴をはいたままの生活であったという。

江藤治吉邸

竣工－一九二二（大正一一）年、所在地－神戸市東灘区御影町

昭和戦後解体

この住宅は西村の御影・住吉事務所を取り仕切った榎本淳一の著書『住宅建築の手引き』で紹介されているものである。

玄関 『住宅建築の手引き』より

江藤治吉邸

リビングルームから食堂を見る

江藤治吉とその家族
いずれも江藤昌雄（故）蔵

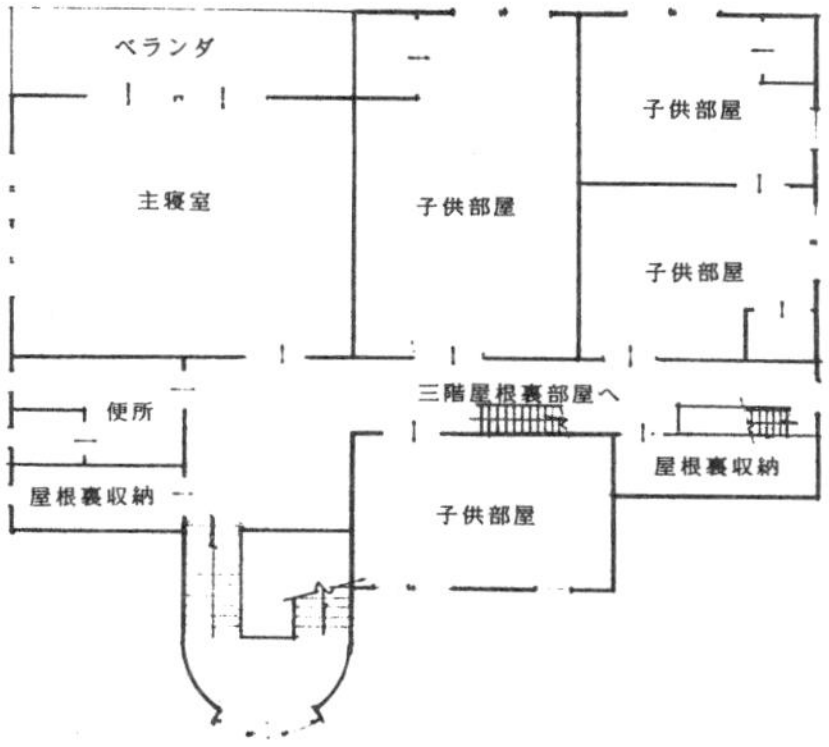

二階平面図

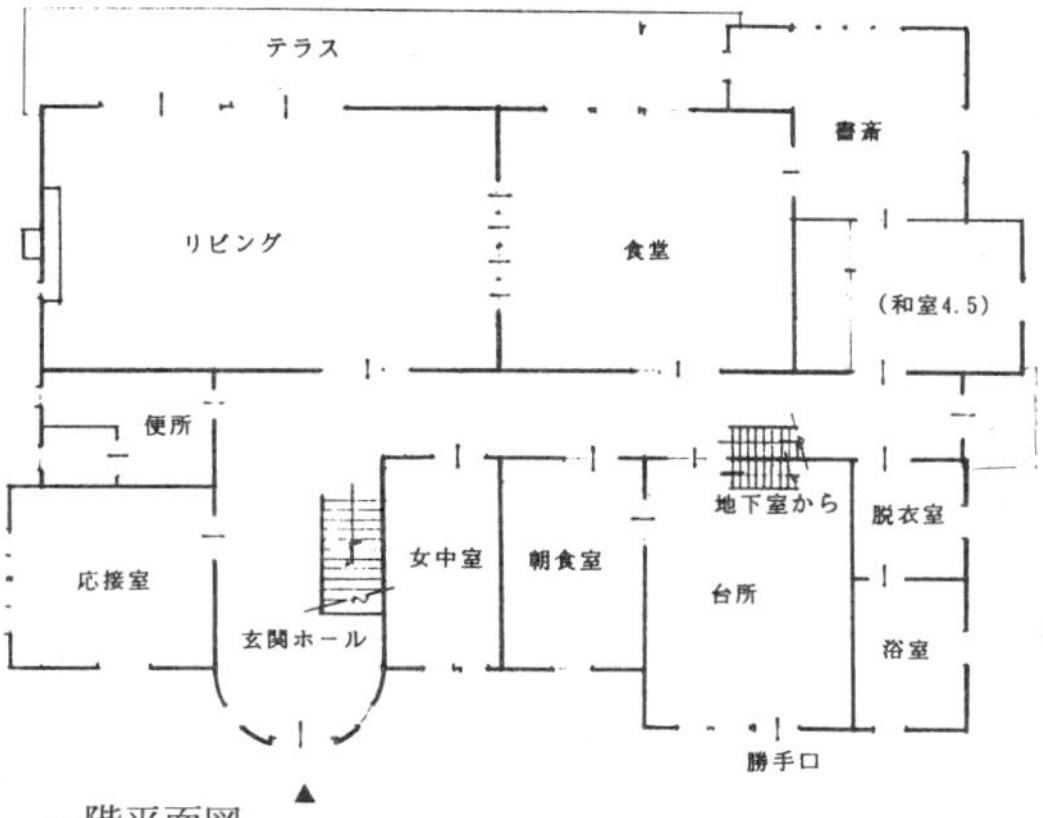

一階平面図

江藤治吉邸

江藤治吉（はるよし）は先に紹介した江藤家の五男で、嘉吉の弟である。治吉も「尚美堂」の取締役を務め、兄と同派のクリスチャンであった。洋風住宅に強い興味を持っていたという。

ここにあげた平面図は筆者が遺族の証言と、写真から作成したものである。江藤家には治吉によるこの邸の建築時のメモが残されており、それによると西村には二〇一〇〇円が支払われ、総工費は二三六一一円であった。

喜多邸

竣工－一九二三（大正一二）年、所在地－神戸市東灘区御影町

残存せず

西村のもので最大規模のものを紹介しよう。これは『建築案内』と『住宅建築の手引き』の両方で紹介されているものである。ところがこの住宅についてはここにあげた外観写真と平面図以外明らかではない。先に紹介した江藤治吉の四男昌雄氏は、子供の頃この邸内で遊んだことがあるという。

写真や平面図から見ると一階は石造のように見える。西村は倉敷教会など幾つかの作品で、このような構造を採用している。これは外部を石

積みとし、内側を鉄筋コンクリートで補強したものである。

平面構成を見るとこのような邸宅にもかかわらず応接室は設けられていない。外観写真から、江藤治吉邸でもそうであったように、玄関屋根を円錐形としていることがわかる。モリスの自邸レッドハウスの井戸屋根を思い起こさせるものである。

前田慶治邸

竣工－一九二六（大正一五）年、所在地－兵庫県三田市屋敷町
国登録有形文化財（非公開）

阪神間からは若干外れるが六甲の北に、非常に保存状態のよい西村の作品が維持されている。

前田慶治は一八八五（明治一八）年、兵庫県生まれ。旧制姫路中学卒業。慶治は朝鮮全羅南道で農場を経営していたが、子供の教育のためこの住宅を建て、妻と子供を住まわせたという。

平面構成は玄関脇に小さな応接間を置き、中廊下を挟んで南側にサンルーム、居間、和室、北側に台所、浴室、女中室などを配している。二階は寝室であって、すべて個室となっている。屋根は褐色の上薬のかかった日本瓦を葺き、外壁は西村がよく用いた小砂利交じりの漆喰であ

西面　玄関ポーチ

南・東面（いずれも『建築案内』より）

喜多邸

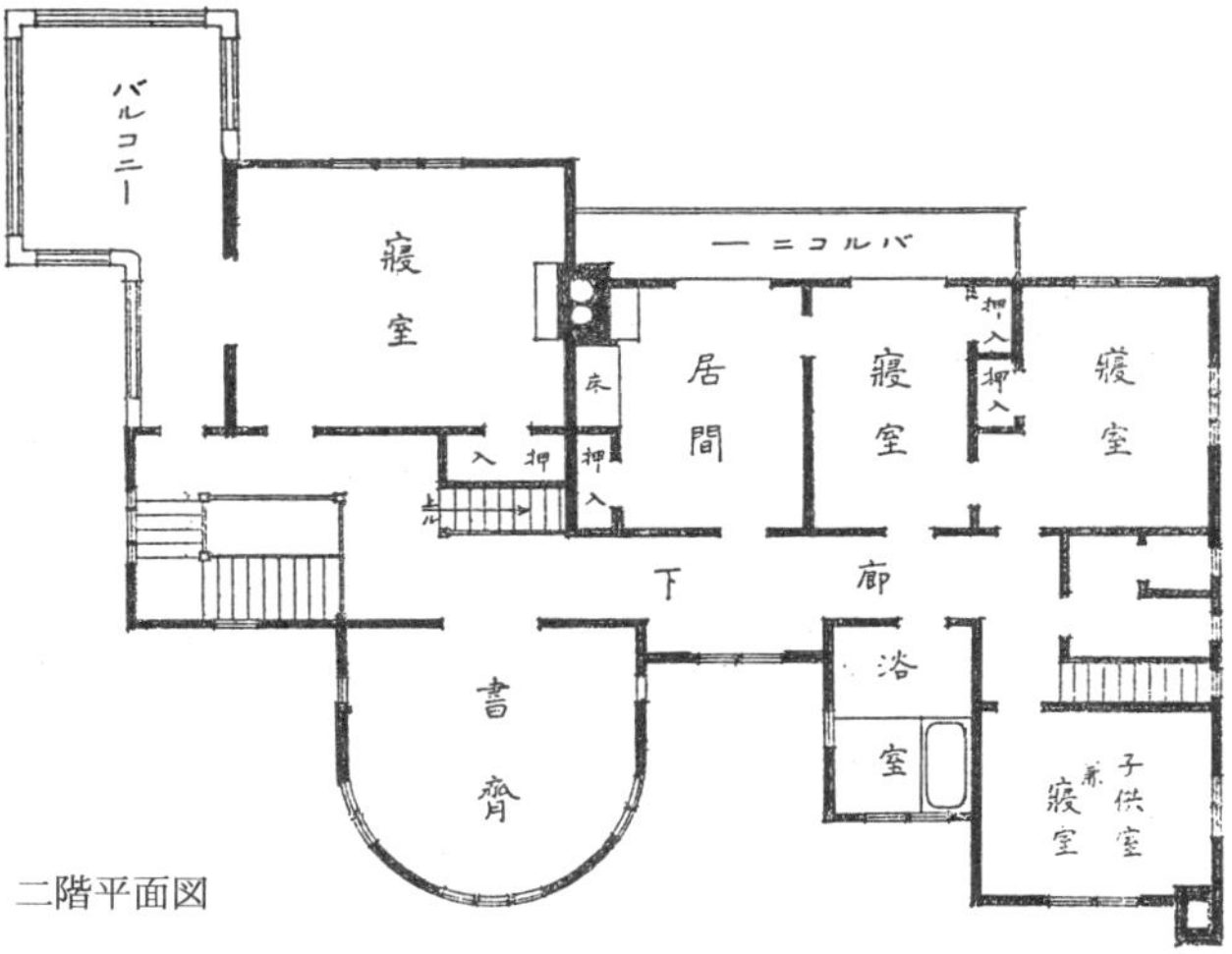

二階平面図

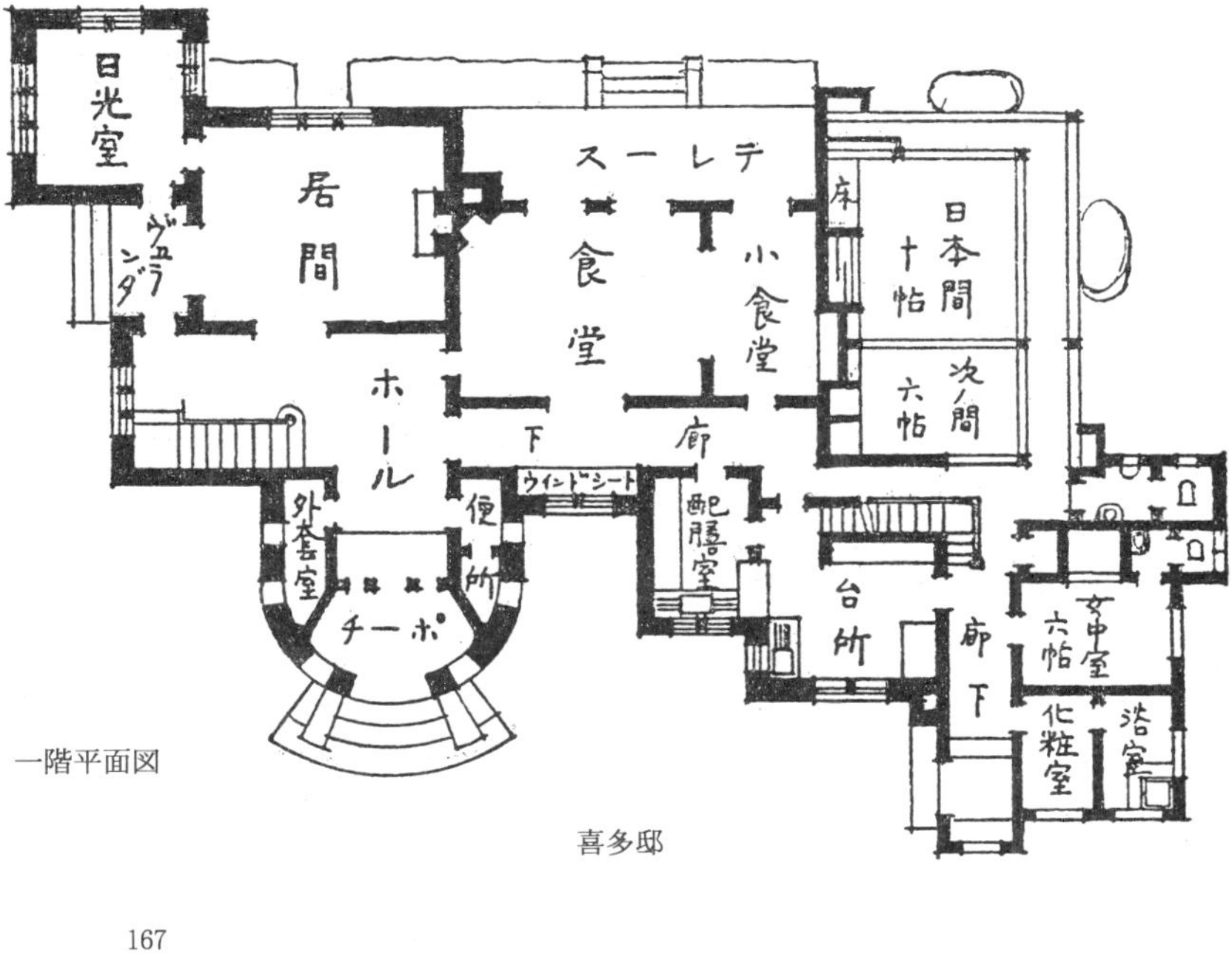

一階平面図

喜多邸

正面外観

応接間

前田慶治邸

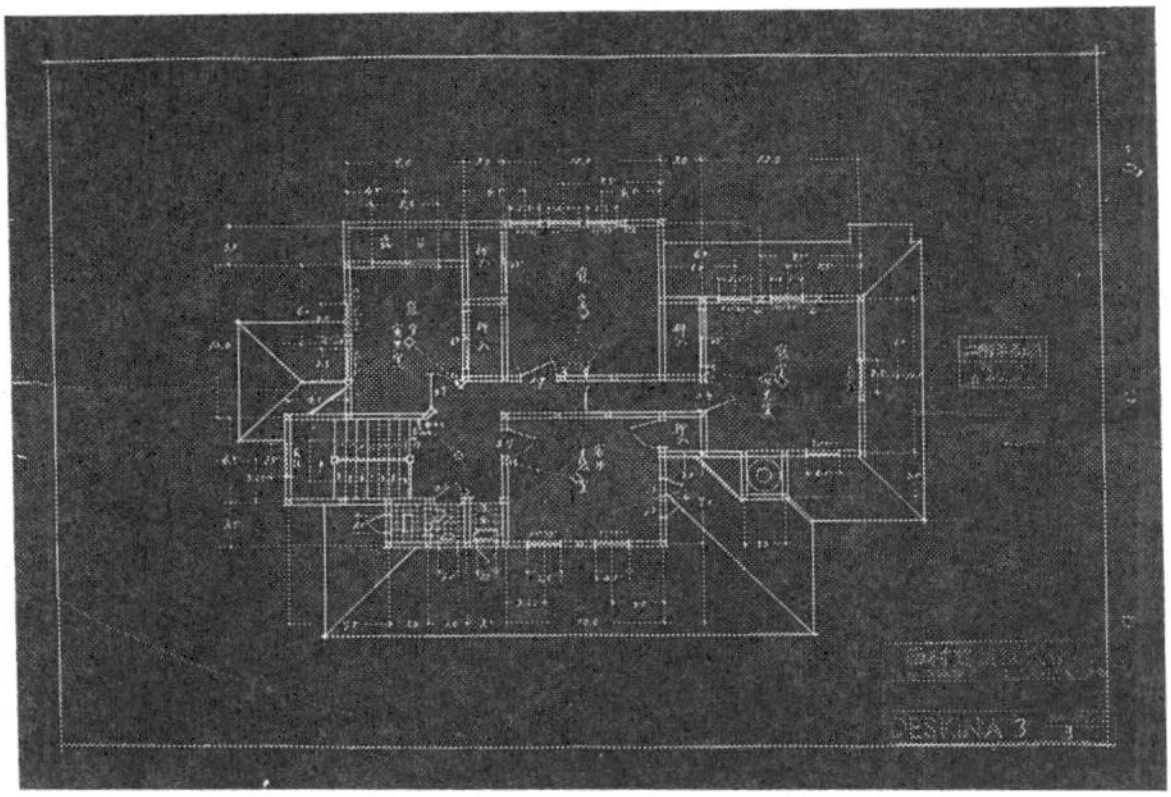

二階平面図

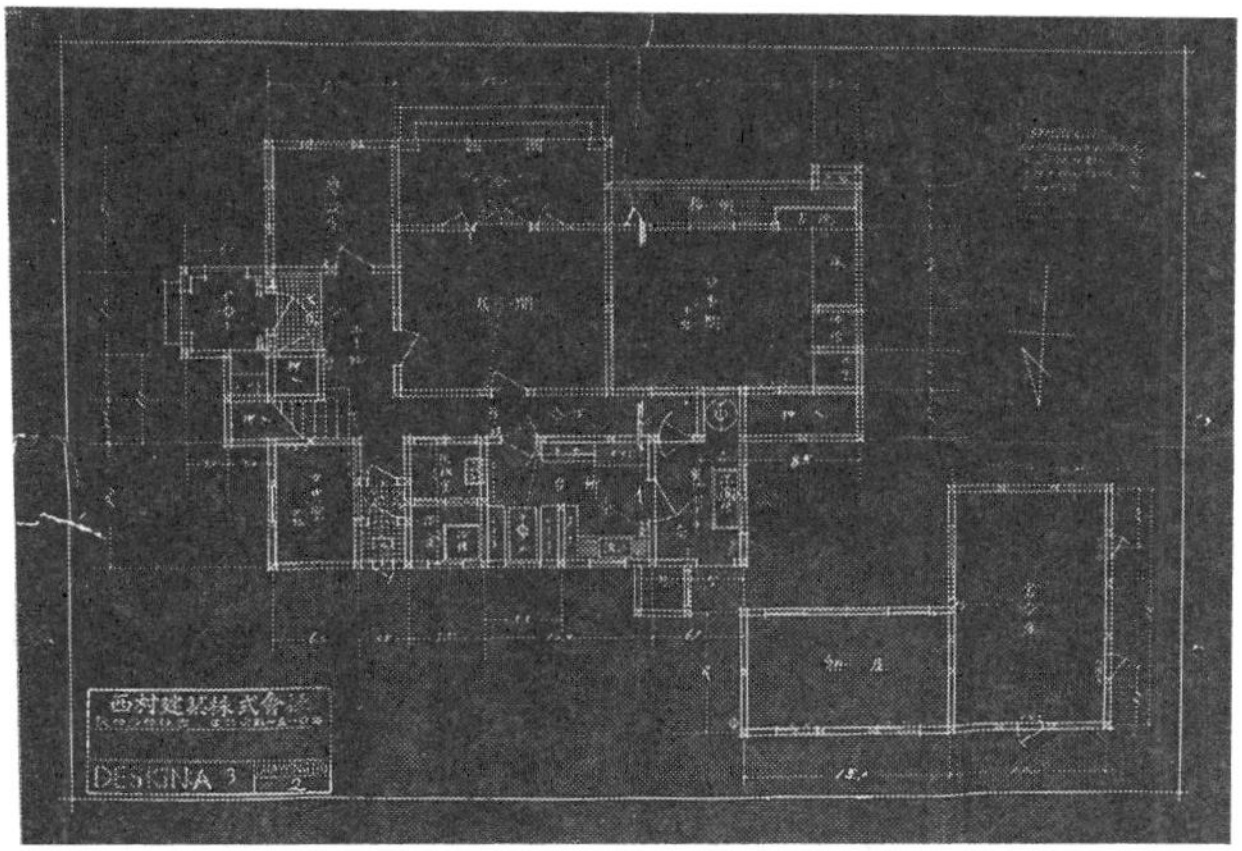

一階平面図

前田慶治邸

る。玄関やサンルームなどにアーチを多用し、全体として当時流行しつつあったスパニッシュ風にまとめている。内外とも西村の作品のセオリー通り刳り方やレリーフなど装飾的な要素は極めて少ない。

前田は西村に、工事費に糸目をつけず設計・施工を依頼したといわれ、また、この住宅を譲り受けた現在の所有者が大層この住宅を大切にされていることもあり、保存状態は非常に良好である。そのうえ家具類も当時のものが数多く残っており、竣工当時を容易に偲ぶことができる貴重な住宅である。なお前田は西村事務所に二〇〇〇〇円を支払ったという。

（倉敷）

西村は倉敷でこの地の有力者である林源十郎という知己を得て多くの建築作品を残した。林は倉敷紡績社長・大原孫三郎が青年期に兄事した人物であって、林は教育や生活改善に熱心なプロテスタントであった。

西村はこの地で彼の代表作ともいうべき倉敷基督教会会堂（一九二三年）や当時としては極めて先進的な保育所・若竹の園（一九二五年）を完成させた他、幾つかの住宅を手がけている。ここでは倉敷の郊外、祐安（すけやす）の住宅を紹介しよう。

西村による三棟の住宅　1995年撮影

倉敷・祐安の住宅

祐安の住宅

ＪＲ倉敷駅の北北西約２㎞、用水路には多くの水車が回るのどかな田園地帯の山裾に六棟の大正から昭和初期にかけて竣工した住宅が点在し、そのうち少なくとも三棟は西村の作品である。

これらの住宅について、林は用水路の橋から見て美しい絵となるよう建築することを望んだとの逸話が残っており、今日でもこの一角の風景は魅力的である。これらの住宅が竣工した当時、人々はあたかも夢の国が出現したごとく感じたに違いない。

西村は著書『楽しき住家』や『田園小住家』で、田園都市の理想を持った人々が数戸でも集まって美しい村を作りたいと述べている。その村は画一的に区画された土地に整然と住戸が並んだものではなく、自然な敷地に個性的な住宅が点在する村である。林はこのような田園理想郷構想というべき西村の主張に賛同し、祐安にそれを実現したのではないかと筆者は見ている。

この住宅群には林源十郎の次男桂二郎の住宅や、大原家や倉紡に関わりの深い研究機関などの高級職員らの住宅があった。当時、大原家や倉紡では大原農研（一九二九年までは大原奨農会）、大原社研、倉敷労働科学研、倉敷中央病院、などいわゆる労働理想主義と称される施策に関わる先進的な機関を次々と開設し、その他今日でもよく知られる大原美術館なども設けた。当時これらの施策を実施するための研究者などを招聘する必要があり、そのため良質な住宅が必要であったのである。

旧林桂二郎邸

竣工－一九二三（大正一二）年、所在地－倉敷市祐安

江口邸として残存（非公開）

この住宅はこの地のシンボル的な住宅で、残存状態も非常によい。林桂二郎は林源十郎の次男で、東京帝国大学卒業後、倉敷紡績入社、一九三三年より同社取締役を勤めている。戦後は林家の家業である林薬品の社長を務めた。彼は大原の命を受け倉敷文化協会を組織した人物でもある。桂二郎から西村に宛てた二通の手紙が文化学院に残されている。一通は西村が倉敷文化協会で講演した礼状を兼ねたもので、その一部を紹介しよう。

「私も此際是迄の姑息な窮屈な生活の一転機を画して多年憧憬の新しい生活を実現したいと思っています。新しい家の住居は多年渇望していながら今まで逡巡して果たし得ないでおります。先生のお話を聞いてもう長く待ってはおれなくなりました。土地の選定にもあそこかこゝかと随分迷います。しかし是も楽しみの一つであります。いよいよ家を建て

外観　1960年ごろ
戦後左手和室を一室増築している

林桂二郎とその家族　1928年

旧林桂二郎邸

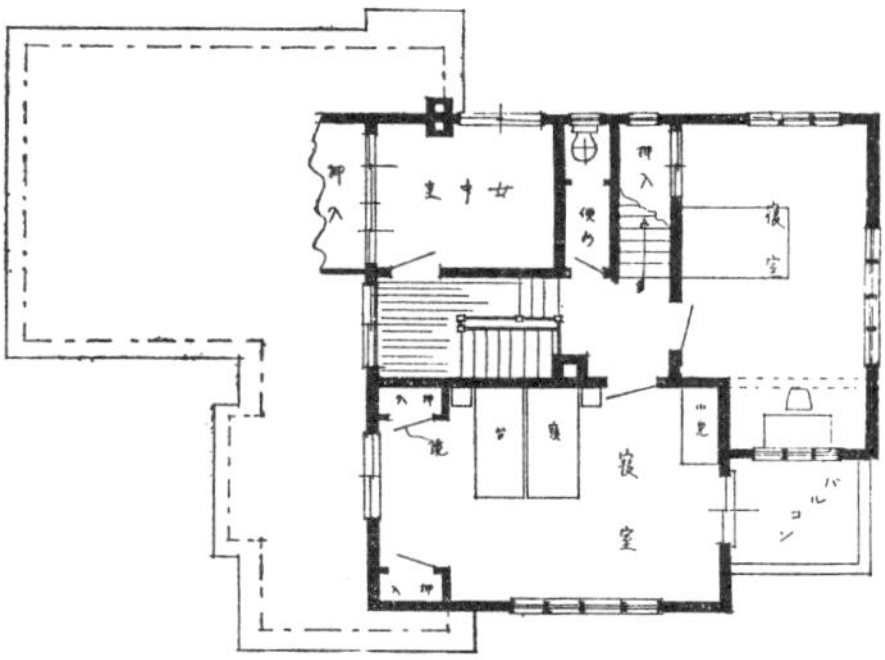

二階平面図

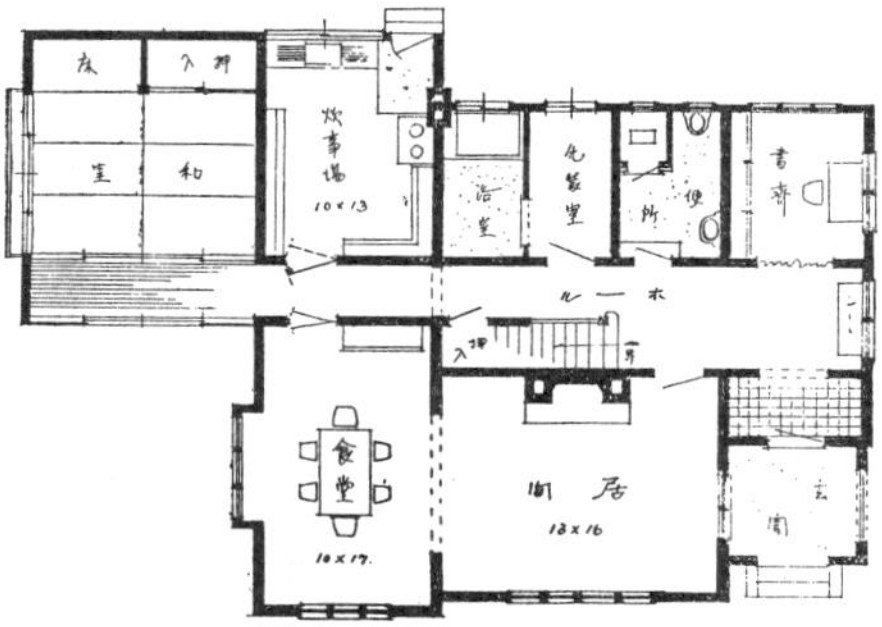

一階平面図

旧林桂二郎邸（『建築案内』より）

ると云う日になりましたら何れ設計やら其他の御助力を煩したいと思っています。……」

このように桂二郎は新しい生活の実現を熱望していたのであった。

この住宅の平面構成は、玄関ホールから中廊下をとり、それを挟んで南側に居間・食堂を連続させ、北側に台所・風呂・便所を配置している。二階は寝室と収納に全て充てている。このような構成は西村の作品によく見られるものである。

外壁は大部分小砂利交じりの漆喰とし、一階食堂・ポーチ・応接腰壁・煙突などの外壁は野石積み*としている。このような白い平滑な漆喰と荒々しい野石の対比で立面を構成することも彼の作品でよく見られる。屋根は竣工時天然スレートであった。

この住宅は前所有者が亡くなり解体される危機にあったが、幸い新しい所有者が決まり、その方によって今後維持管理されることとなった。

（豊川）

旧中村慶蔵邸

竣工－一九二五（大正一四）年、所在地－愛知県豊川市御油

二〇〇〇年解体

＊野石積み　採石場から切り出し荒仕上げしたままの石を積み重ねたもの。

外観

食堂

旧中村慶蔵邸（『建築案内』より）

工事現場の榎本淳一（住吉事務所の主任技師） 洋服中央の人物 （中村洵氏蔵）

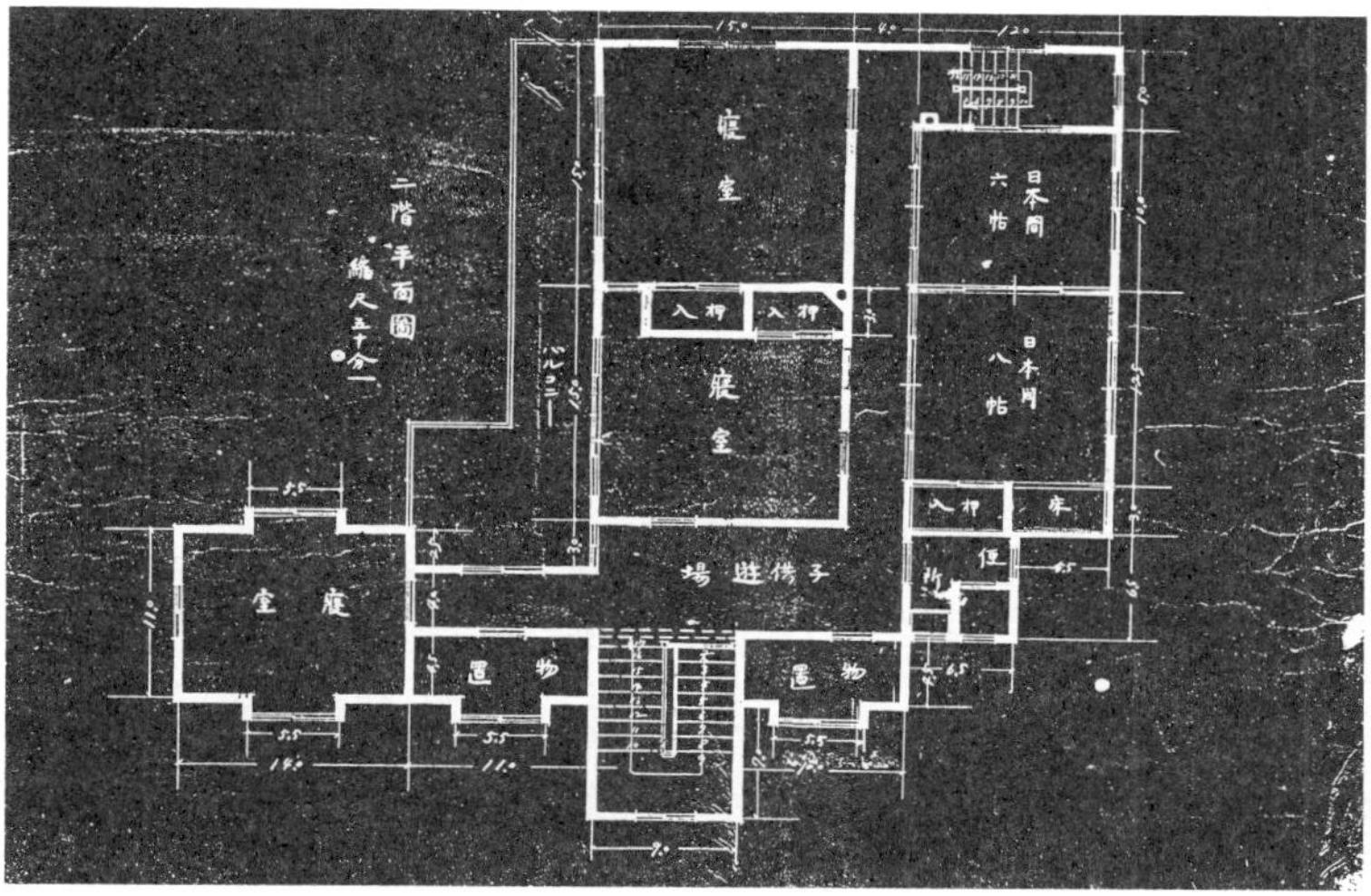

二階平面図

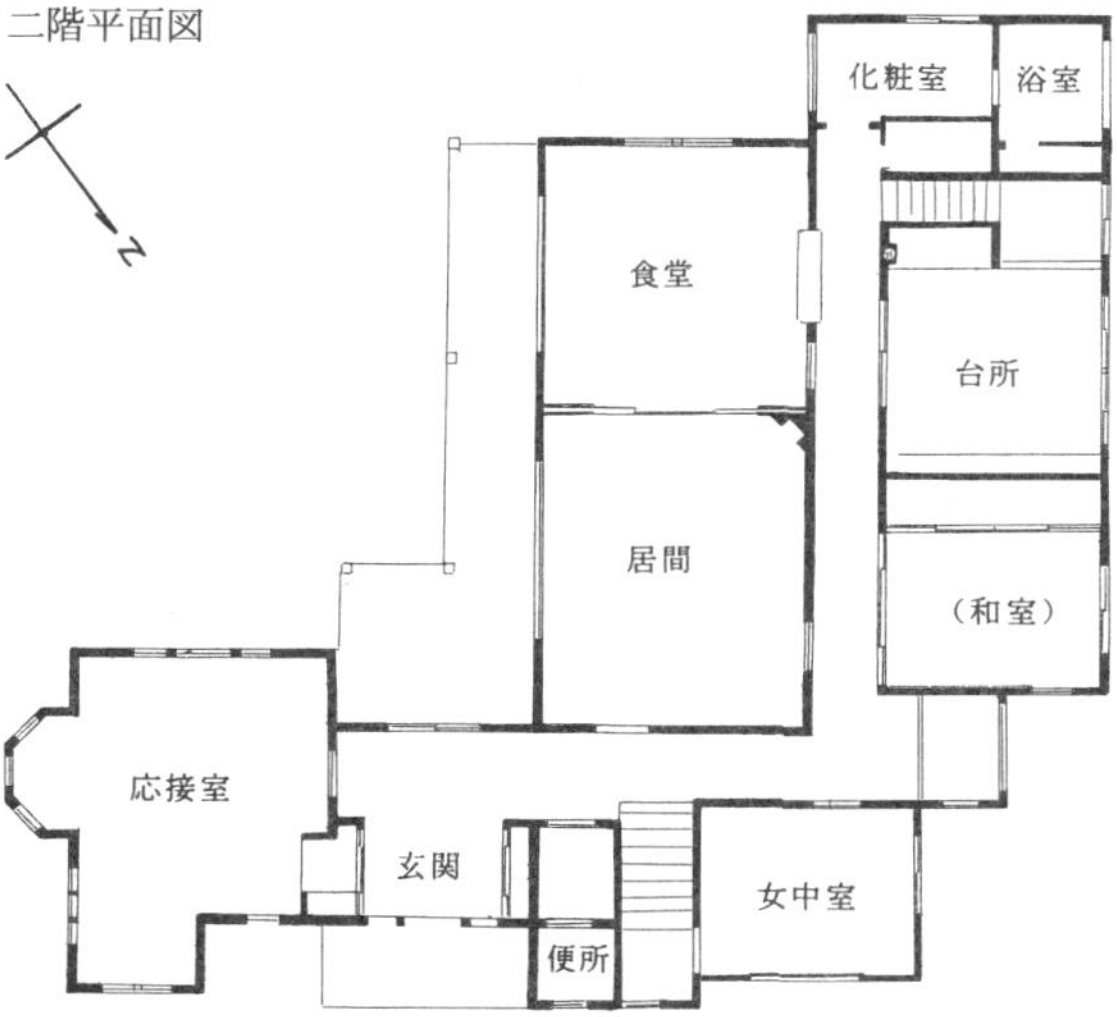

一階平面図

旧中村慶蔵邸（中村洵氏蔵）

旧東海道に面したこの住宅は近年惜しくも解体されたが、中村家には図面、工事写真など多くが残されており、これらは貴重であり、その幾つか紹介しよう。

中村慶蔵（一八八三〜一九七〇）は、東京帝大農芸化学科卒業後大学院に進んだが、家業を継ぐため中退し、一九一二年より味噌醤油醸造業である大津屋（現在はイチビキkkと改称）の経営に当った。その他中部電力取締役、御油町長なども歴任した。

一階平面構成は、中廊下、連続した居間・食堂といった西村の作品で多用された構成が見られる。玄関や応接室は比較的広く取られ、応接間は慶蔵の書斎としても用いられた。二階は主に寝室と二間の日本間に当てられている。寝室の前にはバルコニーがあり、その下は居間・食堂前のテラスである。主階段のホールには「子供遊場」と記されており、その位置の是非はともかく、それを確保しようとしていることは興味深い。大正期の住宅改良では子供の住環境にも注目されるようになったのである。

屋根は寄せ棟、半寄せ棟、切妻などが組み合わされ、正面では傾斜が緩められ反り庇風となっている。また片流れの屋根窓が多く見られる。葺き材料は西村が好んで用いた天然スレートである。

外壁はこれも西村が多用している小砂利交じりの漆喰で、玄関ポーチまわりを石積み風としてこの住宅に重厚な印象を与えている。西村の作品で石材を用いたのは少なからずあるが、この作品のように整形の石材を用いたものは筆者の知る限りではこの住宅のみである。

中村家に残る当時の工事写真の中に、西村の住吉事務所を取り仕切った人物、榎本淳一が大津屋の大勢の人々と共に写真に収まっているものがあり、このことから中村邸は住吉事務所が担当したものと推測される。

文化村（松本）

竣工－一九二三（大正一二）年、所在地－松本市沢村

今は松本市内の閑静な住宅地となっているが、竣工当時は麦畑が広がり、遠くに蝶ヶ岳・常念岳・乗鞍岳や美ヶ原などを望む高燥な所に、広場を囲んで七棟の住宅が建っていた。その主らは西村の生活改善や住宅改良の理想に共鳴した地元の校長などであって、彼に新生活のための住宅を依頼した。

今日では多くの住宅が建て変わり、残存するのは三棟のみであるが、今日でも土地の人々から「文化村」と呼ばれ当時の面影を偲ぶことができる。

それぞれの家はガラス窓の多い明るい住宅で、バルコニー、ベランダ、サンルーム、などを備えるものも多かったという。また、どの部屋も廊下から入ることができる個室となっていた。垣根など家々を隔てるものなどなく、共同の広場はテニスコートや子供の運動会の場になった。また、共同の井戸や、畑などもあったという。

西村は『楽しき住家』(一九一九年)で「理想村」の項を設け、その考えを述べている。この実施例の一つが既に紹介した倉敷・祐安の住宅群であるが、この松本の文化村も一つの事例である。彼はそこで次のように述べている。

「理想の社会を作らうとするのに、先づ小さい、出来得る位の大きさの社会から初めやう、それには、新しく一部落を組織しようと思ふのは當り前の順序でせう。外国でも、色々の時代に色々の理想村が出来たり失敗したりしたさうです。現実になれば、何でも失敗が伴うでせう。しかし、理想の社会を実現さしたと云ふことは、失敗、成功に係らず、人間の事業であります。人間のする事業の中で、最も真実で真面目なことであります。

私は経済的、社会制度の理想はあまり持ちませんが、住居の様式生活の方法で、何か改革して見たいと云う心が多いのです。私は新しい生活の村、新しい住家の村を作りたいのです。日本人がもつと新しい方法で

文化村の子供達の背後に旧宮崎邸（右）田村邸（左） 1924年12月 （井口省吾氏蔵）

松本・文化村

旧井口喜七郎邸　1923年　（井口省吾氏蔵）

子供らの背後に旧宮崎邸　（松本泰樹氏蔵）

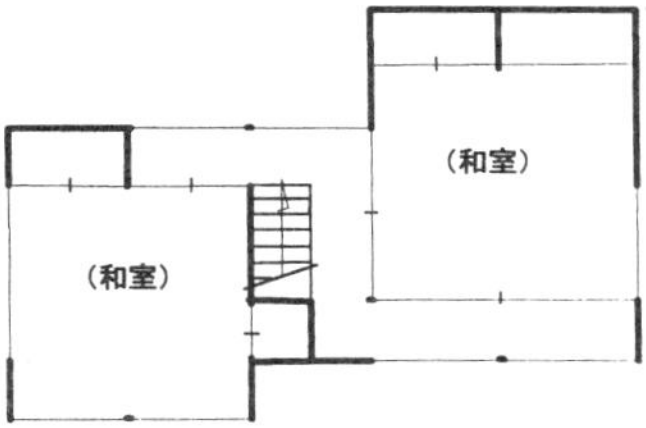

二階平面図

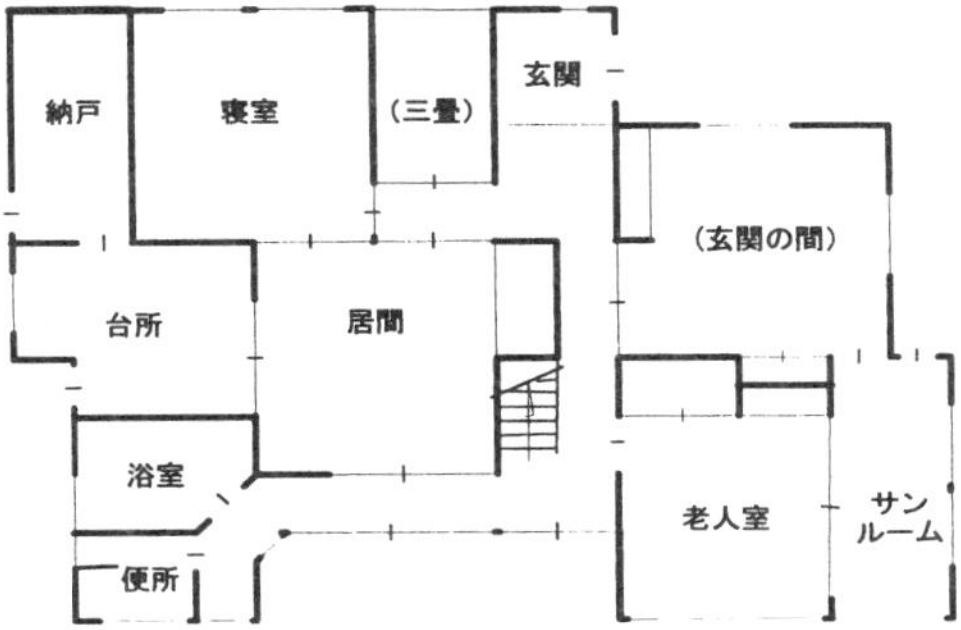

一階平面図

松本・文化村　旧井口喜七郎邸

生活し、愉快に、快活に、そして野卑でない生活、趣味ある生活のできる模範を示すために、どこかへ新しい村を作りたいのです。」

この村の住宅例として残存する旧井口喜七郎邸を紹介しよう。ここには市内の中学校で校長先生をされているお孫さんが現在住まわれている。外観こそ写真の通り在来工法の真壁構造*であるが、その平面は見事な居間中心の間取りとなっている。既に述べたようにこの平面形式が我が国で成立したのは一九二二（大正一一）年とされているが、時を経ずしてここに先端的な平面が西村によって出現したのである。

この文化村の住民に手塚縫蔵（一八七九〜一九五四）という人物がいる。彼はこの村をまとめる中心的な役割を果たした一人ではないかと推測されている。手塚は塩尻の農家の長男として生まれ、苦学して長野県師範学校を卒業。その後長野県の小学校の訓導*や校長を長く勤めた人物である。師範学校時代、長野市の日本基督教会において洗礼を受け、その後内村鑑三、植村正久から大きな影響を受けている。

人格主義を主張する長野県の教員グループ「東西南北会」（一九一一年）の結成メンバーで、この会は長野における自由主義教育の先駆と見られている。権威主義的な長野師範学校校長の排斥運動を行い休職を命ぜられたりもしたが、その間は植村が開いた神学社で基督教を深く学んだという。

＊真壁構造　和風木造建築における伝統的構法で、柱と柱の間に壁を納め柱を見せる構造。

＊訓導　旧制小学校の正規教員のこと。現在の教諭。

西村がこの村の設計を依頼された経緯は明確でないが、西村と手塚には日本基督教会、植村との交流、自由主義教育など共通点が多い。西村の自伝には「関東大震災の際、家族は松本に避難しているのではないかと考え、松本に立ち寄って東京へ向かった」との記述があり、彼はこの地で非常に親しく家族ぐるみで交流した人物がいたことがわかっているが、それはこの文化村の人々のことなのかも知れない。

なお、この文化村建設の資金面においては一九二一年に制定された「住宅組合法」による、低利の融資を受けたことが伝わっている。この制度は我が国最初の持ち家政策といわれ、最低七人で組合を作り県を窓口にして、宅地の購入や住宅の建築のための資金を国から借り受けるものである。

〈東京〉

東京は一九二一（大正一〇）年の文化学院開校以来、西村の活動拠点の一つとしたところである。建築活動は学院の校舎建設に引き続く形で行われたものと見られる。ここでは五棟の住宅を竣工順に紹介しよう。

旧石丸助三郎邸

竣工－一九二三（大正一二）年、所在地－東京都港区南麻布

保存修理工事済

この住宅は作家芹沢光治良の自伝的小説『人間の運命』に「田部邸」として登場するものである。芹沢は東京帝大卒業後、農務省に勤務する傍らこの竣工間もないこの邸内の屋根裏部屋に寄寓し、小説家となるべく研鑽を積んでいた。小説ではこの住宅の主人石丸助三郎を「田部ペール」として自分の父に見立てて登場させている。その他この邸は若手実業家らのクラブ「文明楼」としても新聞等で紹介されたことがある。

多くの西村の住宅作品が解体されたが、この石丸邸は幸い助三郎氏の孫の阿左夫氏によって保存修理工事がなされ、現在美しく蘇っている。現在はイベント会場として活用され、道路からその姿の一部を垣間見ることもできる。

外観は、一階部分を荒々しい野石積とし、他は平滑な漆喰壁となっていて、素朴であるが魅力的である。このように下部を野石積とした立面構成は同年竣工した倉敷基督教会でも見ることができる。

玄関を入ると広々とした吹き抜けがあり、この住宅の一つの魅力となっている。玄関脇のテラスのある洋間が居間と食堂として用いられたであろう。一、二階とも連続した和室が設けられており、彼の作品としては和室が重視された間取りとなっている。なお、一階平面に現れてい

玄関付近

南側（裏）面

旧石丸助三郎邸（写真は何れも写真家・小野吉彦氏撮影）

玄関ホール

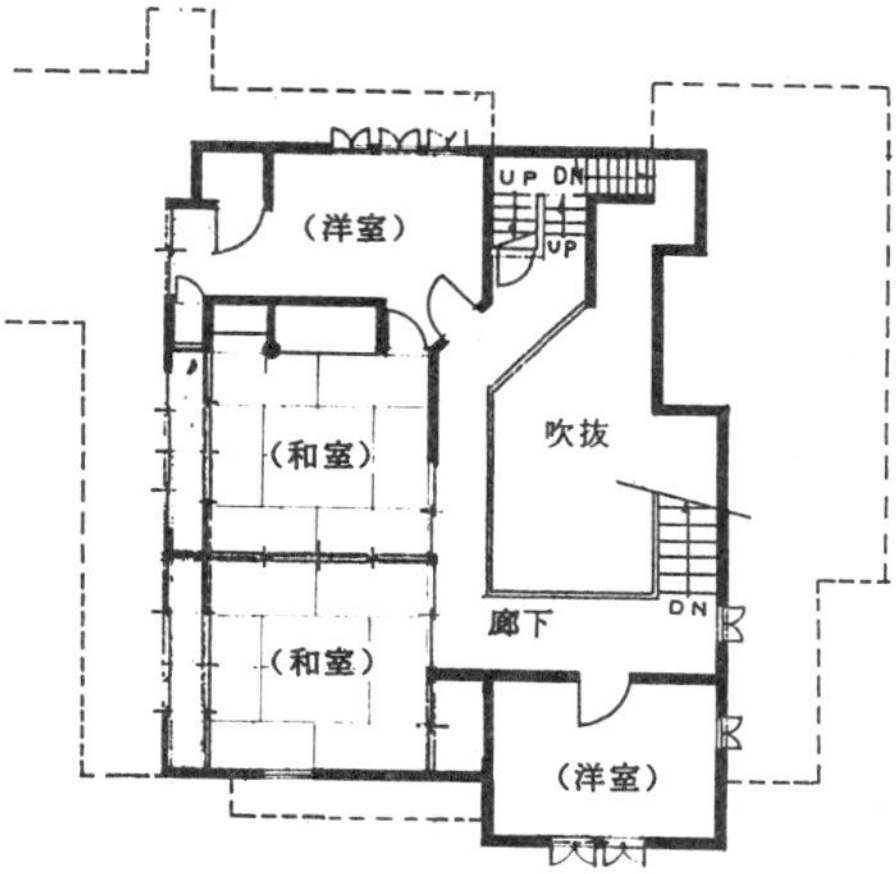

二階平面

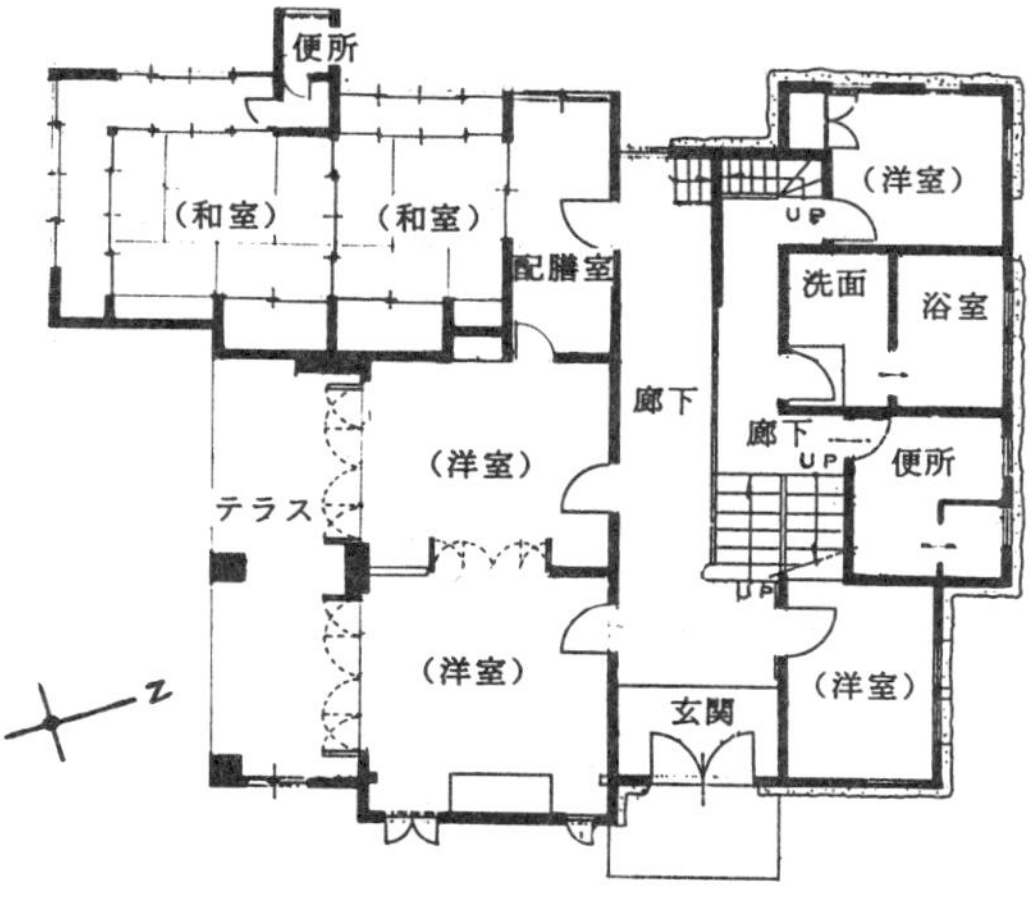

一階平面図

旧石丸助三郎邸

る便所・浴室は中二階であって、敷地に若干の高低差があることもあって台所は地階に配置されている。

中込純次邸

竣工－一九二五（大正一五）年、所在地－東京都世田谷区深沢

この住宅は西村のプラン集『明星の家』に掲載された「三・砂の岡に建てやうとした家」を建築した例である。実際は左右が反転して建てられている。このプランは中込邸の他に倉敷の祐安でも類似したものが建築された。

この住宅では独立した玄関がなく、外部より直接居間に入るバンガロー形式をとっている。西村は小住宅ではこのような形式を薦めている。屋根は天然スレートで葺かれていたという。

中込氏は文化学院・大学部・本科第一回卒業生で、フランス文学者、詩人である。氏の証言によると、山梨の造り酒屋の主人であった父虎一が、氏や従兄弟をそれぞれ文化学院や慶応へ通わせるために建てたものという。兄が与謝野夫妻や西村、石井柏亭らと交流していたため、西村に建築を依頼したのではないかとのことであった。

西村自邸

竣工－一九二六（大正一五）年、所在地－東京都杉並区阿佐ヶ谷

存在せず

新宮から東京へ転住し、一九三三年まで住んだのがこの住宅である。設計は助手のように使っていた弟の大石七分が担当したという。

この住宅については外観写真の他は史料がなかったが西村の次女で建築家坂倉順三夫人ユリ氏の証言を基に筆者が略図を作成した。特に客間を設けず、広い居間を中心とした典型的な居間式住宅である。

与謝野寛・晶子邸

竣工－一九二七（昭和二）年、所在地－東京都杉並区荻窪

存在せず

与謝野夫妻については改めて紹介するまでもないであろう。与謝野寛は浪漫主義詩歌の代表的人物であって、一八九九年には新詩社を創立し九年間にわたり雑誌『明星』を発刊した。その後一九二一年から七年間再び発刊された。

晶子は『明星』創刊と共に社友となり毎号寄稿を続け注目された。一

正面

居間　右.中込氏、左.加藤百合氏
加藤氏は『大正の夢の設計家、西村伊作と文化学院』の著者
写真は何れも1989年

中込純次邸

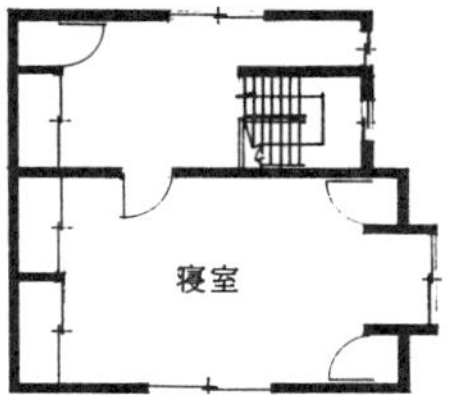

二階平面図

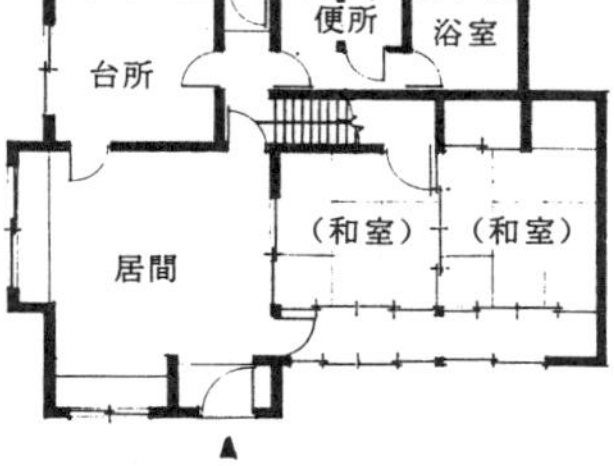

一階平面図

中込純次邸

玄関側

庭側　写真は西村一家　(西村礼門蔵)

西村自邸

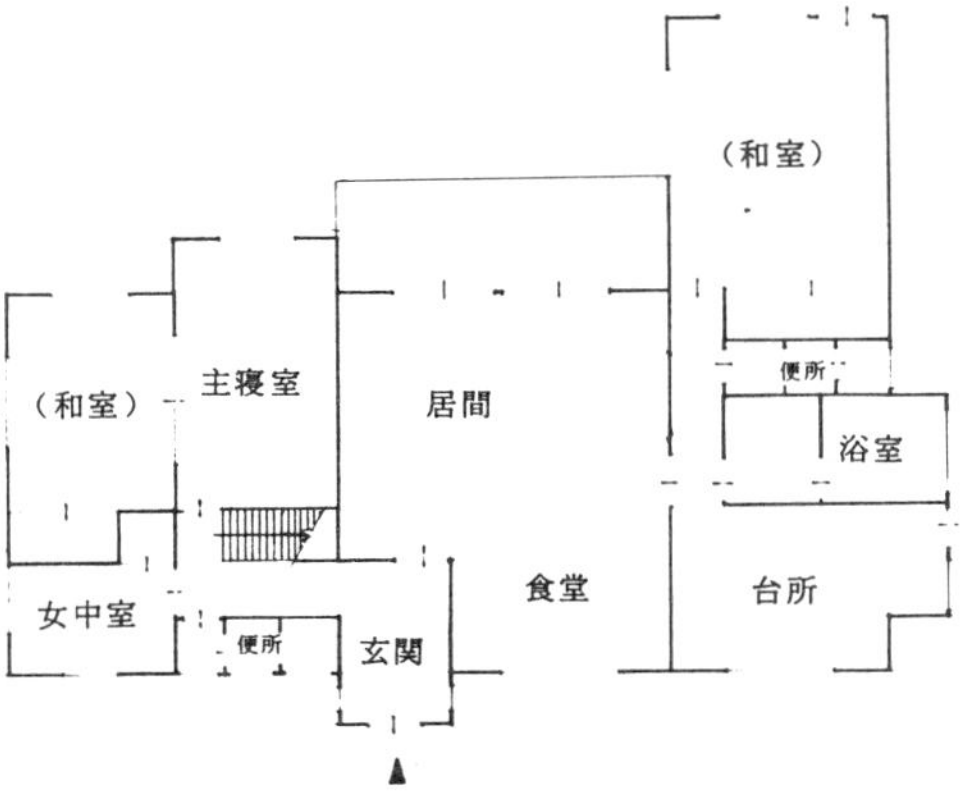

略平面図

西村自邸

九〇一年には処女歌集『みだれ髪』を発表、その歌風は一世を風靡した。同年寛と結婚、名実共に『明星』の中心となった。詩においては出征中の弟を想う「君死にたまふことなかれ」は大きな反響を呼んだ。その他『新訳源氏物語』なども高い評価を得ている。

与謝野夫妻と西村とは密接な関係にあり、例えば西村が広く一般の人々にその存在が知られる契機となった大阪毎日新聞紙上での「文化生活と住宅」の連載は、与謝野寛の紹介で実現したことである。文化学院に関しても創立から夫妻が関わり、寛は初代文学部長、晶子は学監として亡くなる直前まで学院に関わった。

この住宅は長男の（故）光の著書によれば、晶子が原案を描き、西村が仕上げたものとなっている。西村は常々、住宅のプランは自分で考え、それを基に専門家が設計するとよいと語っている。米国流のdo it yourselfの精神である。

ここに挙げた図面は、戦後この住宅を購入した方が描いた図と、夫妻の六女森藤子氏の証言から筆者が作成したものである。この図では中央の最も大きな部屋は応接間となっているが、これは藤子氏の証言によるものであって、このように使われたと理解すべきであろう。

住宅は総二階に近いもので、一階は約五〇坪、二階は四〇坪であった。一階最東の小部屋は、はじめ藤子氏の洋室であったが、後に増築されて六畳の和室となり晶子の終焉の場となった。

敷地内には采花荘《さいかそう》、遥青書屋《ようせいしょおく》、冬柏亭《とうはくてい》と名付けられた三棟が存在した。最も早く竣工したのは采花荘で、これは一九二四年に子供らのために建てた二階の小規模なもので、大正末か昭和初め夫妻の歌会のために和室が二間増築された。西村が関わったのは母屋である遥青書屋であって、ここから秩父連山、富士、箱根が見えたことからそう名付けられた。

冬柏亭は一九三〇年、晶子の五〇歳の祝いに弟子たちが贈ったもので、六畳と三畳の茶室で、後には書斎として利用された。これは現在、京都鞍馬寺に移築されている。この与謝野邸の敷地の一部は現在、区立南荻窪中央公園となっている。

この荻窪の住宅の他、西村が関わったとみられるものに軽井沢・星野温泉で計画された山荘がある。これは雑誌『明星』（一九二二・一）に友人Y氏のための「明星山荘」として発表されたもので、与謝野とYが一致すること、明星の名を用いていること、星野温泉は与謝野にとっても縁の深い場所であることなどから与謝野夫妻のものと筆者は推測している。

平面はバンガローのように外部から直接居間に入るもので、外観は信州の山屋の意匠を用いたものである。西村は今後の日本の住宅を、外観

書斎ベイウインドウ付近
（森藤子氏蔵）
庭は自然のままを好んだという

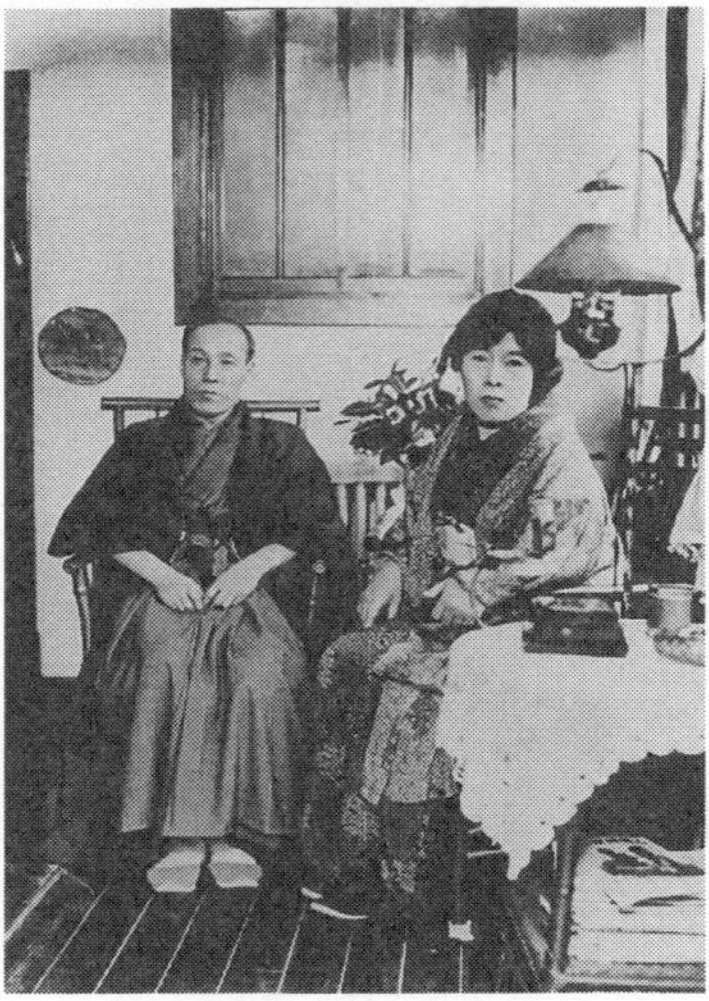

室内で　与謝野夫妻

与謝野寛・晶子邸

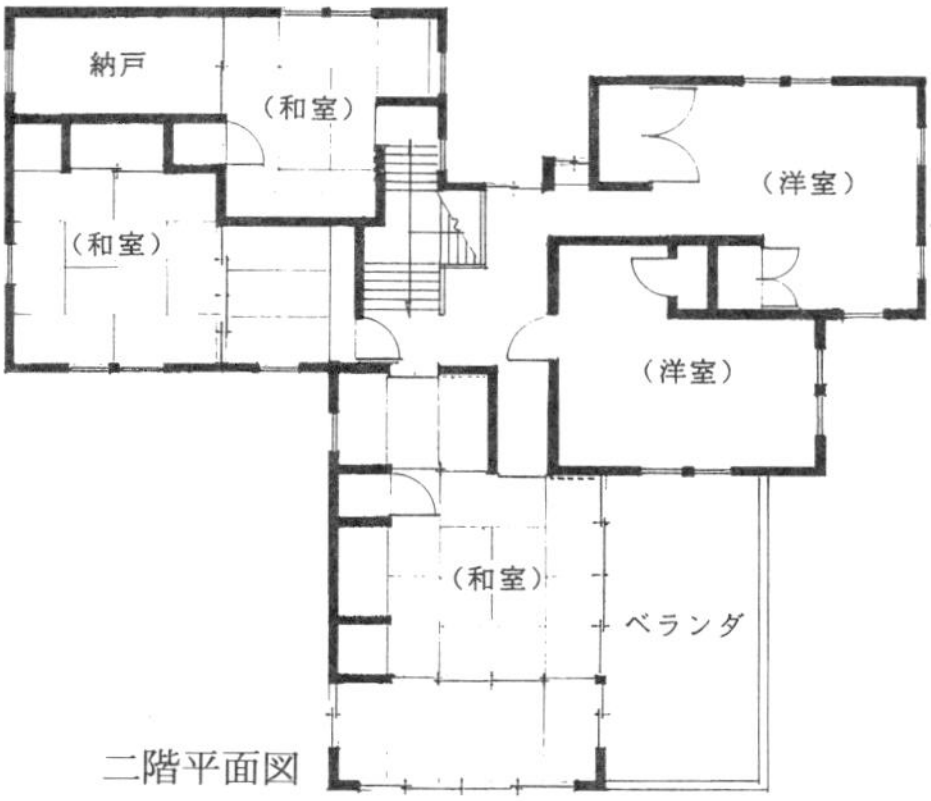

二階平面図

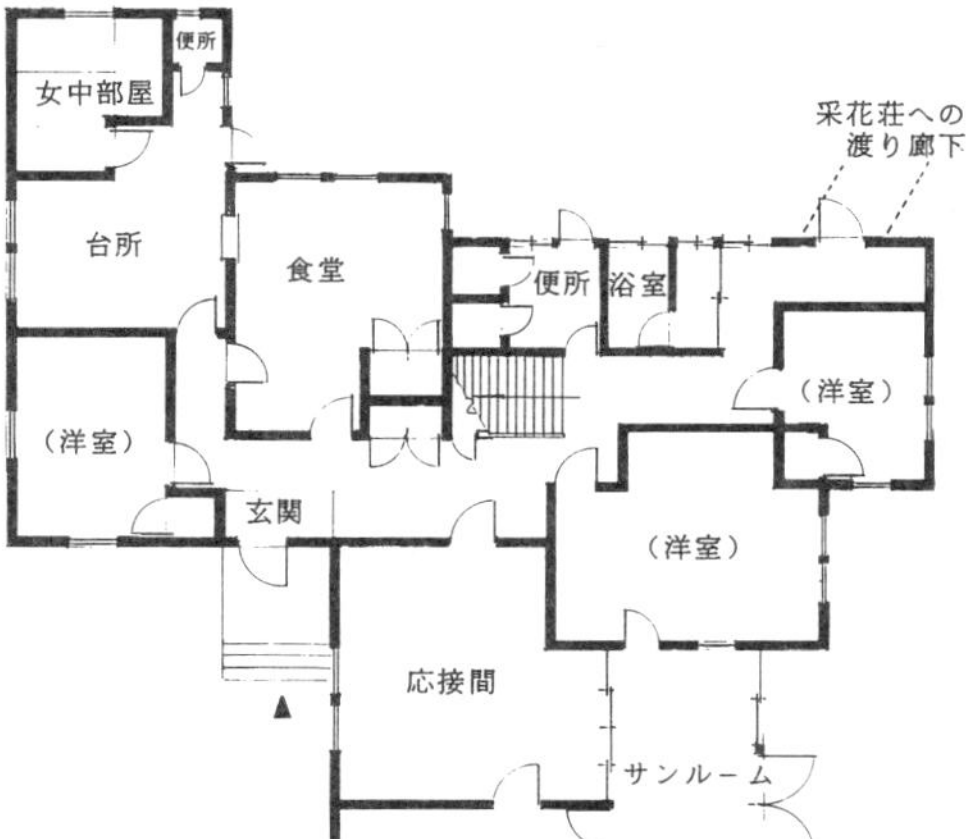

一階平面図

与謝野寛・晶子邸

「明星山荘」

与謝野　軽井沢山荘(案)（『明星の家』より）

は民衆の家屋のものを用い、平面はバンガローのものを採用したらよいと提案したのであった。

なおその他に府中市の多摩霊園にある夫妻の墓碑も西村のデザインによるものである。

旧石井光次朗邸

竣工－一九三三（昭和八）年、所在地－東京都品川区西大井

西半分が残存

石井光次朗（一八八九～一九八一）は福岡県生まれ。東京高等商業学校専攻部卒。戦前は朝日新聞社取締役を務める。戦後、一九四六年自由党に入党し衆議院議員に当選。党幹事長、総務会長、運輸大臣、法務大臣、副総理、衆議院議長などを歴任した。西村に設計を依頼した経緯は明らかでないが、石井は石井柏亭や与謝野晶子らとは親しい。

この住宅は西側の洋館部分と東側の和館部分とからなっていた。和館部分は座敷や台所配膳室などであった。一九六六年、前所有者が土地を東西に二分割し、その際和館部の全てと洋館部の食堂、女中室などが解体撤去された。現在敷地の東半分は区立西大井公園となり、西半分の洋館部は大山英夫氏の住宅となっている。

階段室

同　ステンドグラス

南面　1966年ごろ（大山英夫氏蔵）

旧石井光次朗邸

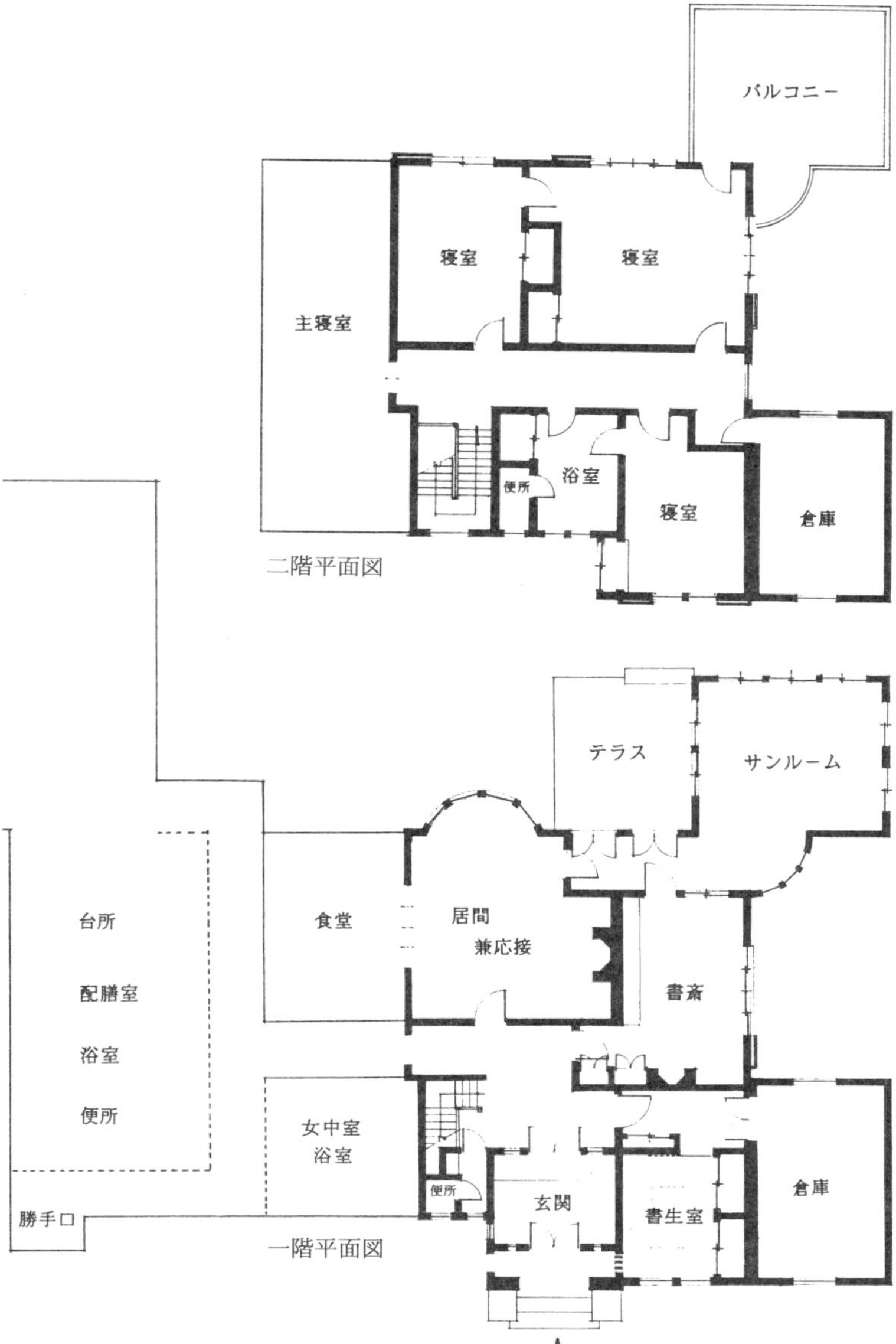
バルコニー
寝室
寝室
主寝室
浴室
便所
寝室
倉庫
二階平面図
テラス
サンルーム
食堂
居間
兼応接
書斎
台所
配膳室
浴室
便所
女中室
浴室
便所
玄関
書生室
倉庫
勝手口
一階平面図

旧石井光次郎邸

幸い洋館部の撤去部分は少なく、玄関、居間、書斎、幾つかの寝室など主要な部分は残存するため、現状と石井の長男公一朗氏の証言などから、洋館部の竣工当時の姿をほぼ復原できた。

この住宅の規模は洋館のみでも西村の作品としては最大級である。平面は、広い居間兼応接間と食堂を連結させ、書斎は居間食堂より小さく西村の主張に沿ったものとなっている。広いサンルームがあり、ここにはピアノが置かれ、後に声楽家となった石井好子氏のレッスン場となったという。

外観はスパニッシュ風でまとめられている。屋根は緑色のスパニッシュ瓦、外壁は白塗壁、南面にはアーチ窓、北側一階窓には装飾的な面格子がはめられている。内部は特に西村の他の作品と相違点は少ないが、多少装飾的である。

第6章　「文化学院」その他

(1)　文化学院における教育活動

学院での活動について語ることにより、建築の分野では十分言い表せなかった、彼の人となりも紹介することができる。本節では彼の学院での活動について紹介しよう。

さて本題に入る前に、彼が建築と教育という今日では全く異なった二つの分野で活動したことについて触れておきたい。なぜこのようなことを言いたいかというと、今日私達は二つのことを同時に行うことについてあまりよい評価を与えず、このことが従来西村の活動が余り重視されなかった理由の一つではないかと筆者は考えているからである。

例えば「二兎を追う」とか「二足の草鞋をはく」など諺でもこれらはあまり良いときに用いられるものではない。評価されるのは「一路白頭に至る」行為である。彼の活動は今日の感覚では二兎を追う行為であり二足の草鞋をはいていたと見られる。しかし、彼にとっては統一した視点のもとに活動を行ったのである。

その視点とは日本人の生活改善である。当時の我が国は維新以来、公的な分野での近代化、西洋化はかなり進んでいた。しかし、こと人々の私生活の分野については依然として近世封建社会の気風が色濃く残り、そればかりでなく、一部の成金たちの生活のあり方に人々から非難の声があがっていた。そのような状況のもとで、彼は当時の日本人の私生活を国際的に見ても遜色のないように改善、近代化するにはどのようにしたらよいかを考えていた。彼の最大の関心はそこにあった。

彼は衣食住の改善、そのうち特に住宅の改善に興味を持った。住宅は住まう人を映す鏡であるとも言われている。住宅の改善には意識の改善が不可欠である。そこに近代人育成の必要性が生まれる。「文化学院」を自分の子供のために創立したという側面は否定できないが、彼がこのような意識を持って創立したことも事実である。

彼の行動を理解するためには、彼が目指したのは日本人の生活改善であって、その延長線上に建築や教育の事業があることを十分理解しておく必要がある。

学院創立の経緯

西村は一九二〇（大正九）年の春頃から「西村芸術生活研究所」と称

する研究機関を設ける構想を持ち、それを中心として日本人の生活改善に関する事業に乗り出そうとしていた。そして、文化学院がその事業の一つとして計画されたことは「文化学院設立趣意書」に明記されている。学院設立の構想が芽生えた時の情景を、創立に参画した教育家・河崎なつは次のように回想している。

一九二〇年の夏、軽井沢星野温泉付近の別荘に西村とその長女アヤ、与謝野夫妻、河崎なつ、その他数名らと滞在していた時のこと。西村はアヤの進学先について、東京に適当な女学校はないかと皆に問うた。河崎は当時の女学校は行き詰まっていて適当な学校がないことを述べ、与謝野夫妻はそれならばアヤが入学する女学校を創ったらどうかと勧めたのである。

西村は既に自分の子供らを入学させる、理想の学校設立を漠然となが ら探っていたのかもしれない。彼は国家主義的教育を行う、また堅苦しく自由のない女学校は子供を入学させる学校として好ましくないと考えていたのであった。そのことはその場にいた人々も同感であったに違いない。

我が子のために学校を設立するという西村の動機は、文化学院と同年に創立した羽仁もと子の自由学園創立の動機と期せずして一致している。西村や羽仁のように明治以来の公教育に不満をもつ人々にとって、新しい学校を求める思いは強いものがあったのである。また、彼らの理想を実現しうる条件、つまり経済や法令、また高学歴市民層の形成といった条件も整ってきたのであった。

学院の教育

設立趣意書からまとめておく。

「文化学院は小学校の課程を終わった後の中等教育と、大学教育とを実行することに由り、日本人としての未来の文化的生活を営む素養を興へることを目的とします。」

「文化学院は漸次の発達を期します。中学部四年と大学部四年とを以って完成する教育を施すのですが、まず中学部から始めます。私どもは男子も女子も共に学ぶことの理想を有って居ますが、当分の内女子だけの生徒を募集します。即ち中学部の女子第一年生の一組を以ってはじめます。」

中学部は長男久二が学齢に達したこともあって一九二五年から共学となった。しかし、一九二七年の募集からは男子の募集を停止し、名称も女学部と改められた。共学を実施した期間は短期間であるが昭和戦前の中等段階の教育機関ではこの学院が唯一であった。共学は一八七九年以来中等段階では法令で禁止されていたが、文化学院は中学校令、高等女学校令何れにも縛られない学校としたため可能となったのである。

さらに教育方針について、

「文化学院の中学部はいわゆる芸術に偏する教育をするのではなく、今の男子の中学程度或いはそれ以上の科目を、特殊の新教育方法によって英断的に課するのです。

文化学院は生徒の各の個性が受け入れるものを十分に興へることをして、而かも其れを強ひる事をせず、また画一的に人を作り上げようとせず、各々其の天分を十分に伸ばさしめ、不得意なものを無理やり要求しません。また機械的な試験を課さず競争的に成績を挙げさせようとして身体と精神とを損することのないやうに勤めようとします。快活に、健実に、根底のある真正の知識を貯へ、生命に繫がる技能を練達せしめる積りです」

当時の高等女学校の教育課程は質、量とも中学校とは大きな隔たりがあり、例えば当時の女学校では一週六時間の裁縫がとられていた。しかし学院の課程は男女平等の精神に基づくもので裁縫の時間などは設けなかった。そしてその教育は生徒一人一人の個性を尊重し、自立的な学習を重視し、競うことを廃する、いわゆる自由主義教育であった。この教育を趣意書では「特殊な教育法」と表現している。

この学院の教育の中心となったのは学監の与謝野晶子、石井柏亭そして主任の河崎なつである。与謝野は「文化学院の設立において」で次のように述べている。

「これまでの良妻賢母主義の教育は、人間を殺して女性を過大視し、男子の従属者たるに適するように、わざと低能扱ひの教育を施していました。」

「男子と同等に思想し、同等に活動しうる女子を作る必要から、女性としての省慮をその正当な程度にまで引き下げ、大概のことは人間として考へる自主独立の意識を自覚せしめようと思ひます。」

彼女は青鞜の賛助員でもあり、西村の自由教育に女性として強く共鳴していたのである。彼女は女学部長、教科は文学を担当し、亡くなる直前まで二十年余りの間学院に在職した。

河崎なつは当時学院唯一の女子高等師範出身教師であって女学部の実質的な責任者を二〇年にわたり務めた。彼女は教育改革、女性解放に結びつく運動には協力を惜しまず、戦後は一九四七年社会党より立候補し参議院議員となり、一九五五年には第一回母親大会事務局長を務めた。

石井柏亭は西村とは絵画を通じての古い友人であり、円満な人柄が買われ学院の設立構想段階から加わった一人である。石井はよく知られているように文展に叛旗を翻して一九一四年、二科会を創立しその主催者として活躍した人物であるが、当時の美術教育にあきたらない気持ちを持っていた。彼は美術を担当し学監の他、美術部長を務めた。学院の在職期間は二〇年に及んだ。

その他にも錚々たる教師陣を揃えていた。与謝野寛も創立段階からの主要な協力者であって日本文学を担当し、本科科長を務めた。在職期間は九年間であった。本科は一九三〇年文学部と改称されたがその初代部長を務めたのは菊池寛である。また、一九三六年からは佐藤春夫が就任した。

山田耕作は音楽と舞踏を担当した。学院では体育を行わずその代わりとした。山田は欧州留学時、ギリシャ風の衣装をまとって踊るイサドラ・ダンカンの舞踏を見て感動し、帰国後舞踏詩の上演に意欲を燃やしていたが、まだ我が国はそれを受け入れる状況になかった。山田は学院の教育でこれを実現しようとし、早くも創立二年目に内外の文化人を招き舞踏詩の発表会を行ったりした。

このように学院の教育には多くの文学者や芸術家らが当たった。彼らは自由な学院に自分の夢を実現する場を見出していたのである。また彼らの顔ぶれを見ると、中心となったのは与謝野夫妻や石井柏亭など西村と古くから交流のあった人々で占められていることがわかる。

西村は著書『我子の学校』の末に「学校の理想」との項を設け彼の理

想を述べている。この理想とは文化学院の理想、教育の方針と考えられる。この内容は趣意書にはない様々なことが記述されているのでそれを簡単にまとめておく。

・学校を地上の楽園とすること。それは、質素な施設でも可能である。
・校舎は住家のようなものがよく、庭園は大切である。
・運動競技は重視しない。立派な理科の実験道具は不要である。
・教師は校長から指図されることなく生徒を教える自由をもつ。
・校長、教師、学生は相互に意思の疎通をよくし、一家族のようになること。学生を信頼すること。
・芸術を尊重する学校であり、さらに教育そのものの芸術化が必要。
・未来の人を作るための教育を目指すべき。

この中の「教育の芸術化」とは「教育を真面目に、真理に従い、喜びの心をもって巧みに行うこと」の意味である。

文化学院は自由学園と創立年度が同じでよく同一視される。創立時の両校の差異についてまとめておこう。自由学園は本科として尋常小学校卒業の女子を対象にした高等女学校程度の終業年限五年の課程、高等科と称する高女卒業生を対象にした終業二年の課程、高等科の卒業生でさらに研究を続ける人のための研究科がある。こうしてみると文化学院と自由学園は対象年齢はほぼ同じ、前者は共学を志向していたが、後者は女子教育に専念していたことがわかる。玉川学園の創立者小原国芳は著書『日本の新学校』において両校を対比させ、前者を素人的で文科重視、理想主義的、人間的と表現し、後者を玄人的で実科中心、常識的、職業的と表現している。

昭和戦中の文化学院

創立以降、学院の大きな危機は二度訪れた。一度は創立間もない関東大震災である。地震による倒壊はなかったが延焼により全ての校舎は焼失した。この危機に際しては西村は再度自分の資産を割いて校舎を再建した。

二度目は、昭和に入って次第に国家主義の傾向が強まるにつれ、西村の教育方針と国是との齟齬《そご》によって様々な問題が生じてきたことである。ここではこのことについてまとめておく。

一九四〇年三月　『月刊文化学院』第一〇号の「数字と偶像」の記述内容が当局によって削除命令を受ける。

一九四一年四月　西村、校長を辞して校主となり、後任校長に長女石田アヤ就任。

一九四三年四月　西村、不敬罪の疑いで拘禁される。
　　　九月　文化学院強制閉鎖。建物は軍に接収される。
　　　十月　西村、懲役一年の有罪判決を受ける。上告する。
一九四五年八月　敗戦。

西村の文章が当局から削除命令を受けたのは二度あり、そのうちはじめのものがこの「数字と偶像」である。この事件を契機に石井柏亭との対立が深まり、一九四一年三月、石井は多くの教員と共に学院教師を辞任することとなる。

この文章で彼は、国を挙げて紀元二千六百年を大げさなお祭り騒ぎで祝おうとしていることに対し、酒を注いで一斗に達した時が初めて美味なのではないと、批判の言葉を投げかけた。また学院は創立二〇年になるが慎ましく祝うことは悪くないが大騒ぎをするつもりはない、などと述べ、暗に紀元二千六百年を祝うさまざまな行事を批判したものであった。

しかし、この事件は関係者の記述を見ると、単純に当局が命令を発したのではないようである。石井や彼を支持する、政府の方針に対して穏健派と見られる人々が、ことごとく当時の時流に抗する西村の常日頃の発言に学院の存続の危機を感じて、西村に自制を求めたが聞き入れられず、石井ら自ら当局に訴えて生じた事件のようである。

創立当時の「文化学院」

昭和戦前の「文化学院」

西村は学院を思う石井らの心情は理解していたが、削除命令を受ける前から、臆病に自己規制することを好まなかったのである。

文化学院は、戦時中も創立以来の自由教育の方針を変えない、我が国では稀な存在である。しかし削除問題からわかるように学院内部においては西村校長のもと反体制で一致していたわけでなく、彼に反対する教員、学生、保護者の様々な動きがあった。それらの活動もあくまでも自由であったが、彼は方針に反対する人々や彼を気遣う人々の声には応えようとはしなかった。

この事件の前年には大学で軍事教練が必修となったが、学院は学校令によらない各種学校であったため教育課程も従来どおりで、教練などはなく、英仏外国語、音楽美術など十分な時間を割いていたのである。しかし学院の外ではますます戦時色を強め、この事件の年にはナチスドイツがパリ占拠を果たしている。

このような学院内部の事情もあって西村は一九四一年、二〇周年の創立記念日に校長を辞し、後任を石田アヤに譲り、彼は校主となることを発表した。彼はその年五七才であった。校主となった後は、彼にそれまでのような学院内での講話等をさせないように府の学務科から言い渡されていたが、実際は変わらず講話を続けた。その頃既に特別高等警察が学院内外で彼の発言内容を洗い始めていた。

へげたれの図　西村の漫画

西村は1942年の石田の手紙で、当時の体制を快しとしないにもかかわらず迎合しようとする人々を罵倒して「へげたれ」と呼んだ。「へげたれ」とは馬鹿、意気地無しの意。『愛と叛逆』より一九四三年四月一二日、学院入学式の朝、西村は五反田の自宅から警視庁特高課の刑事によって六本木署に連行、拘束された。容疑は不敬罪及び言論出版集会結社等臨時取締法第一八条違反である。後者の罪を簡単にいえば、非常時に当たって人心を惑わす事項を流布したということである。確定すれば前者は五年以下、後者は一年以下の懲役もしくは禁固刑となるものである。

この一連の事件に関しては自伝に詳しく記されており、それによると不敬罪の対象となった発言は次のようである。

・明治維新の際、指導者は日本をどのような政治体制にしようかと考えた。その結果、天皇を立てて国民にそれを尊敬するように教え込んだ。今では国民は天皇を神と思わなければならないように思っている。

・天皇のない国もあり、なくてもよい。

・君主の役割について色々な学説があるが、私は君主というものは社交の中心人物であるという説である。

・われわれは、皇后陛下からこじき娘に至るまで、誰を愛してもよい権利を持つ。

・伊勢神宮などで人々は建物に物品を入れて礼拝するが、われわれは物に拝むのではなく、目に見えない本当の神を拝まなくてはならない。

もちろん西村はこれらのことが罪に相当すると考えていたわけではなく、信念に基づき、しかも彼なりに注意深く発言した結果であった。しかし、もうこのような発言が許される状況になく、危険思想とみなされたのであった。

西村は六本木署で一九四三年八月四日までの一一〇日間を過ごした後、一年の懲役が言い渡された。転向の様子が見られないとのことで執行猶予とはならなかった。彼はこの判決を不服として上告すると共に保釈運動を行い、それが許され一〇月八日拘置所を出た。六本木署に拘束されてから約六ヶ月の間の出来事であった。そして被告人のまま二年が過ぎ終戦を迎えた。

校主西村が巣鴨に拘置されている間一九四三年八月三一日、東京都教育局の視学官、私立学校係長が学院に出向き、石田アヤ校長、佐藤春夫文学部長、他学院の主だった教員を集め学院の強制閉鎖を伝達した。この前後のことについては石田アヤが詳しく記している。

閉鎖に伴い学生らはそれぞれ別々の学校に移らねばならなかった。校舎はわずかの家賃で軍に貸し出されるようになった。いわゆる接収である。

終戦後、学院は一九四六年四月二五日から再開された。院長は西村、学監は石田が務めた。

彼は自伝で「私はどうしても周囲の人たちと同じ考えにはなれず、終始反対の言葉があちこちに出てくる……」と記している。確かにそのような気質があったにせよ、今紹介した事件は単なるへそ曲がりが起こした単発的偶発的な事件ではなく、西村の民主主義的信念と国家主義的公権力の連続的な衝突の結果と見ることができるであろう。

文化学院の史的意義

初等中等の教育制度は、日清戦争以降の産業の発達に伴い教育要求が強まるにつれ順次整備され、一九〇〇年代初頭には昭和の戦前まで続く教育制度の枠組みがほぼ出来上がった。

中学校の目的は、男子に必要な高等普通科教育を行うと定められ、これは進学のためのエリートコースであった。高等女学校も中学と同様の高等普通科教育を行うとしていたが、年限は中学校よりは一年短く、いわゆる良妻賢母養成を狙ったものであった。

それらの学校で行われた教育のバックボーンとなった教育思想は、当時の我が国の思想状況に従って、ドイツ流の国家主義的教育思想であった。このような教育思想は当時のドイツのみにとどまらず全世界に広まっていた。

このような思想による教育実践が定型化されると、画一的形式主義教育、教師中心の注入主義的教育の傾向が強まり、批判されるようになった。これらの批判の中から自由主義教育など新教育と呼ばれる教育実践活動が活発化するようになった。もちろん、我が国のこのような新教育の動きは欧米諸国の教育思想に影響を受けたところは大きい。

ここでいう新教育とは国際的に見ると、特に第一次世界大戦後の解放運動、民主主義運動を反映して、児童生徒の解放運動としての教育改革が叫ばれるなかで、新しく実践された教育を新教育と呼ぶ。これらの教育改革者らは一九二一年フランスのカレーに集まり国際新教育連盟を結成し、わが国でも遅れてこの連盟の支部が結成され多くの学校や学者が参加した。

連盟が結成された頃、我が国でも教育改革の機運は高揚していた。そのことを示す好例としてよく引き合いに出されるのがいわゆる八大教育主張講演会である。この講演会は一九二一年八月東京高等師範付属小学校で開かれたもので、この大会には全国から二〇〇名を超える教師たちが費用自弁で参加し、著名な教育学者も参加して、真夏の夜六時から一一時頃まで連日、計八名の講師の講演に耳を傾け熱っぽい討論が交わされたのである。

記録によると、開会前の参加者は「講堂前ほとんど立錐の地も無きまで雲霞の如く殺到し来たり、さらに門前には、と見れば高等師範学校前の電車停留所からは蜿々として長蛇の如き観」であったという。このようにこの大会は我が国の教育史上では画期的な出来事であった。文化学院はこのような状況のもとで創立されたのである。

我が国において新教育を実践する学校は、公立学校では師範付属小学校がよく知られ、これらの学校では一九一九年頃から自由教育の実践が行われていた。しかし、公立学校よりも法令や習慣の拘束力が弱い「新学校」と呼ばれる私立学校において、自由教育の幅広い実践がみられた。

明治末から昭和初期にかけて創立された主な新学校としては文化学院のほかに日本済美学校（一九〇七年）、成蹊実務学校（一九一二年）、成城小学校（一九一七年）、自由学園（一九二一年）、池袋児童の村小学校（一九二四年）、明星学園（一九二四年）、玉川学園（一九二九年）などがよく知られている。これらの学校は何れも公教育を批判しながら高い理想を掲げた創立者の強い個性と情熱、それと保護者の強い支持の基に成立したものである。

これらの新学校を創立時の精神をもとに分類すると、児童本位であっても国家主義的な傾向をもつもの、或いは急進的な自由主義教育を目指したものなど様々である。前者は国家がファシズム体制に移行するに伴い協力し、児童本意の理念はなおざりとなっていった。また急進的なものは短命に終わった。

このような新学校の中で文化学院と自由学園は徹底して自由主義教育を貫いた稀な存在である。文化学院は稀であることから大正期自由主義教育の典型とはいえないかも知れないが、その象徴的な存在であったということはできるであろう。そして文化学院の創立は、先に紹介した欧州の新教育運動の高揚、例えば新教育連盟の結成と時間差なく行われているのである。

筆者はここで「西村はまたしても」といった感を禁じえない。彼は居間式住宅の先駆者であったが、教育においてもまた大正期自由主義教育の先駆者であったのである。

(2) 絵画、陶芸

西村が建築や教育の他に熱心に取り組んだ活動として絵画と陶芸の創作がある。彼が興味を持った順は、まず絵画、次に陶芸、そして建築、さらに教育ということができる。ということは彼の建築活動の前段階として絵画・陶芸の創作活動があるということであり、絵画・陶芸について見ることによって、一九一九年の『楽しき住家』出版によって世にでる以前の彼の様子を知ることができる。

絵画

西村の父は日本画を習い相当上手であったという。そのような父のもとで西村も子供の頃から絵画には親しんでいたであろう。彼が自分で意識して始めた水彩画は広島で過ごした中学時代からで、油絵は卒業して北山の家に帰ってからのことである。日露戦争の兵役から逃れてシンガポールで滞在した時も盛んに油絵を描いたという。

西村の絵画創作活動において二科会創立者の一人、石井柏亭との関係は重要である。石井は一九〇九年二七才の時、与謝野鉄幹、生田長江らと共に木本町《きのもと》（現在の三重県熊野市）と新宮で行われた夏季講演会の講師として招かれ、その際始めて西村と対面している。そのとき西村は二五才であった。その後一九一三年の夏、西村は前年の秋欧州から帰朝したばかりの石井を新宮の自邸に招き約一ヶ月間共に創作活動を行っている。

石井の記憶によると、後に小説家となる新宮教会牧師沖野岩三郎を介して与謝野から石井に伝えられたという。この新宮での石井の作品「N氏と其一家」「滞船」は第七回文展出品作品となり、後者は二等賞となった。

西村は石井を招いた翌一九一四年一一月、今日残る自邸が完成した頃、それまでの作品をまとめて東京の日比谷美術館と呼ばれる展覧会場で個展を開いた。この美術館は開館後二年余りで閉館しているが、その間西村の個展の他に東郷青児の初めての個展なども開かれている。このような個展によって西村の名前は中央の画壇でいくらかは知られる存在になったようである。

個展の翌年一九一五年一〇月、前年発足したばかりの二科会に「加藤氏の肖像」と「御濠」の二点で応募し合格する。この加藤氏とは西村と共にこの年、雑誌『科学と文芸』を創刊した加藤一夫と考えられる。新聞報道によるとこの年の二科には五〇〇〇点の応募があり合格は七五点であったという。西村はこの合格を契機にますます熱心に描きはじめた。

西村は当時、時々上京し石井の他に与謝野夫妻らとも交流を始め、彼らを通じて様々な人々と交流の輪を広げていったようである。

陶芸

しかし西村は絵画よりもっと実用的なものの創作を望むようになり、陶芸に興味を移していった。西村は一九一七年二月、陶芸家としての道を歩み始めていた奈良の富本健吉を新宮の自邸に招き、約一ヶ月間共に陶芸を行った。

富本は東京美術学校図案科で建築と室内装飾を学び、岡田信一郎の指導を受けた。一九〇八年卒業と同時に英国に留学しウィリアム・モリスの工芸思想を具現化した仕事を見るとともに、西洋建築に実際に触れ一九一一年に帰国した。一時清水組に入るが陶芸に興味を持ったバーナード・リーチと交流する中でこの道に入ることとなった。

恐らく新宮で西村と富本は陶芸以外にモリスのこと、建築のことなどについて熱心に意見を交わしたものと想像できる。これは『楽しき住家』出版の二年半前のことである。

以上のように彼は『楽しき住家』を出版し、本格的な建築活動に入る前に絵画・陶芸の活発な創作活動を行い、芸術家や文学者らと幅広く交流し、その上に建築活動が築かれていったのである。

参考文献

西村伊作『我に益あり』紀元社　一九六〇年
西村伊作『楽しき住家』警醒社　一九一九年
西村伊作『田園小住家』警醒社　一九二一年
西村伊作『生活を芸術として』民文社　一九二二年
西村伊作『装飾の遠慮』文化生活研究会　一九二二年
西村伊作『明星の家』文化生活研究会　一九二三年
西村伊作『我子の教育』文化生活研究会　一九二三年
西村伊作『我子の学校』文化生活研究会　一九二七年
文化学院史編纂室『愛と叛逆─文化学院の五十年』文化学院出版部　一九七一年
田中修司『西村伊作の研究』東京大学提出学位請求論文　一九九七年
これらの他、次のようなものを参考にした。

第1章

藤森照信『日本の近代建築　下』岩波新書　一九九三年

新宮市史編纂委員会編『新宮市史』新宮市役所　一九七二年
同会編『新宮市史資料編下巻』新宮市役所　一九八三年
日本基督教会新宮教会、堀一善『日本キリスト教会新宮教会一〇〇年史』一九八四年
高谷道夫『ヘボン書簡集』岩波書店　一九五九年
土肥昭夫『日本プロテスタント・キリスト教史』新教出版社　一九八〇年
久山康編『近代日本とキリスト教　明治編』基督教学徒兄弟団　一九五六年
加藤百合『大正の夢の設計家—西村伊作と文化研究』朝日選書三九四　一九九〇年
橋本哲哉「民衆運動と初期社会主義」『講座日本歴史八近代二』東大出版会　一九八五年
森長永三郎『祿亭　大石誠之助』岩波書店　一九七七年
森長永三郎、仲原清編『大石誠之助全集』弘隆社　一九八二年
鈴木博之・山口廣『新建築学体系五　近・現代史』彰国社　一九九三年

第2章

藤森照信『日本の近代建築　上』岩波書店　一九九三年
西山卯三『すまいの考今学』彰国社　一九八九年
内田清蔵『日本の近代住宅』鹿島出版社　一九九二年

平井聖『日本住宅の歴史』日本放送教会　一九七四年
大田博太郎『住宅近代史』雄山閣出版　一九六九年
日本建築協会創立七〇周年記念住宅展委員会編集『住宅近代化への歩みと日本建築協会』日本建築協会　一九八八年
松尾尊兊『大正デモクラシー』岩波書店　一九九四年
伊藤之雄『大正デモクラシー』岩波ブックレット　岩波書店　一九九二年
（論文）
木村徳国「大正時代の住宅改良と居間中心形住宅様式の成立」『北海道大学工学部研究紀要』№18　一九五八年

第3章

榎本淳一『住宅建築の手引』西村建築株式会社　一九二六年
原田勝弘「生活改造運動の使徒　森本厚吉」『近代日本の生活研究　―庶民生活を刻みとめた人―』光生館　一九八二年
高原二郎「森本、有島、吉野、と『文化生活』」『「文化生活」解題、総目次、索引』不二出版　一九九五年
竹中正夫『倉敷の文化とキリスト教』日本基督教団出版局　一九七九年
大原孫三郎伝刊行会『大原孫三郎伝』中央公論事業出版　一九八三年

第4章

土肥昭夫『日本プロテスタント・キリスト教史』新教出版社　一九八〇年
久山康編『近代日本とキリスト教　明治編』基督教学徒兄弟団　一九五六年
海老沢有道、大内三郎『日本キリスト教史』日本基督教団出版局　一九七〇年
『聖書』日本聖書協会　一九八四年
今村正夫『教会員の生活』福音時報社　一九五五年
小檜山ルイ『アメリカ婦人宣教師』東京大学出版会　一九九二年
山形政昭『ヴォーリズの住宅』住まいの図書館出版局　一九八八年
川崎衿子「住生活の近代化と洋式生活導入の過程・近江八幡家政塾について」『生活学』日本生活学会編　ドメス出版　一九九四年
同志社大学人文科学研究所編『「七一雑報」の研究』同胞社出版　一九八六年
岡野幸江「解題」『復刻版　簡易生活』不二出版　一九八三年
白石博三『ウイリアム・モリス』彰国社　一九五四年
小野二郎『ウイリアム・モリス』中公文庫　一九九二年
長谷川尭『建築逍遥』平凡社　一九九〇年
出川直樹『民芸』新潮社　一九八八年
（論文）
犬塚都子「明治中期の「ホーム」論―明治一八～二六年の「女学雑誌」を手がかりとして―」『お茶の水女子大学　人文科学紀要』vol. 42　一九八九年

木村徳国「明治時代の住宅改良と中廊下形住宅様式の成立」『北海道大学工学部研究報告』№21　一九五九年
菊地重朗「西村伊作と文化住家」『建築界』一八巻　一九七〇年

第5章
奥井直人『アメリカンホームの文化史』住いの図書館出版局　一九八八年

第6章
中野光「脱俗と叛逆の自由主義者　西村伊作」『教育改革の群像』国土社　一九七六年
寺崎昌雄「孤立する自由主義教育　手塚岸衛と西村伊作」『日本教育史』有斐閣　一九七九年
小原国芳『日本の新学校』玉川学園出版部　一九二七年
寄田啓夫、山中芳和編『日本教育史』ミネルバ書房　一九九三年
石井柏亭『旅の絵』日本評論社出版部　一九二一年
石井柏亭『柏亭自伝』中央公論美術出版　一九七一年
富本憲吉『富本憲吉著作集』五月書房　一九八一年
五十殿利治『大正期新興美術運動の研究』スカイドア　一九九五年

（論文）

小島勝「大正自由教育の分析視覚　―その実践的限界―」『京都大学研究紀要』

第二一号　一九七五年

作品リスト

建築作品の全体像は、戦災で図面等が失われているため今まで明らかでなかった。本リストにあげた作品は筆者が多くの方々の協力を得て把握したものである。実際にはこの二倍程度は存在したものと推測している。

No.	作品名	竣工年	所在地	平面	外観	残存
1	自邸	一九〇六	新宮市	○	○	
2	自邸	一九〇八	新宮市	○	○	
3	自邸（西村記念館）	一九一四	新宮市	○	○	○
4	新宮教会牧師館	一九二〇	新宮市	○	○	
5	池原鹿之助邸	一九二二	神戸市東灘区	○	○	
6	江藤嘉吉邸	一九二二	神戸市東灘区	○	○	
7	江藤治吉邸	一九二二	神戸市東灘区	○	○	
8	山口邸	一九二二＊	神戸市東灘区	○	○	
9	岩崎盾夫邸	一九二三	東京都目黒区	○	○	
10	倉敷教会牧師館	一九二三	倉敷市		○	
11	石丸助三郎邸	一九二三	東京都港区	○	○	○
12	林桂二郎邸	一九二三	倉敷市	○	○	○
13	文化村、（七棟）	一九二三	松本市	○	○	○三棟
14	喜多邸	一九二三＊	神戸市東灘区	○	○	
15	西村陽吉邸	一九二三＊	横浜市鶴見区	○	○	
16	福永邸	一九二三＊				
17	渡辺邸	一九二三＊				
18	藤沢邸	一九二三＊				
19	大畑吉一郎邸	一九二三＊	熊野市	○	○	
20	佐藤藤太邸	一九二四				

No.	作品名	竣工年	所在地	平面	外観	残存
21	現 吉岡謙邸	一九二四＊	倉敷市	○	○	○
22	元 松本なつの邸	一九二四＊	倉敷市	○	○	
23	中込純次邸	一九二五	東京都世田谷区	○	○	○
24	中村慶蔵邸	一九二五	豊川市	○	○	
25	久野湘之助・久野之助邸	一九二五	東海市	○	○	○
26	自邸	一九二六	東京都杉並区	○	○	
27	チャップマン邸	一九二六	新宮市	○	○	○
28	前田慶治邸	一九二六	三田市	○	○	○
29	西村バンガロー	一九〇六＊	軽井沢町	○	○	
30	林彪太郎邸	一九二七	倉敷市	○	○	
31	与謝野寛・晶子邸	一九二七	東京都杉並区	○	○	
32	佐藤春夫邸	一九二七	東京都文京区	○	○	○ 移築
33	妹尾韶夫邸	一九三二	川崎市	○	○	○
34	自邸	一九三三	東京都品川区	○	○	
35	石井光次朗邸	一九三三	東京都大田区	○	○	○ 一部解体
36	額田晉邸	一九三四	東京都大田区	○	○	
37	皆川邸		神戸市東灘区		○	
38	濱田邸		神戸市東灘区	○	○	
39	山田邸		神戸市東灘区	○	○	
40	八木邸		西宮市	○	○	
41	萩原邸		神戸市東灘区	○	○	
42	—		東京	○	○	
43	—		東京		○	
44	—		東京		○	

No.	作品名	竣工年	所在地	平面	外観	残存
45	―		東京		○	
46	―				○	
47	―				○	
48	―				○	
49	―				○	
50	―				○	

・No.16、17、18はNo.42以下と重複している可能性がある。

教育・保育施設

No.	作品名	竣工年	所在地	平面	立面	残存
1	文化学院（震災前）	一九二一	東京都千代田区	○	○	
2	文化学院（震災後）	一九二三～	東京都千代田区		○	一部
3	若竹の園	一九二五	倉敷市	○	○	○
4	中村高等女学校	一九二五	東京都江東区	○	○	

キリスト教会

1	新宮教会	一九二〇	新宮市	○	○	
2	倉敷教会	一九二三	倉敷市	○	○	○
3	高芝教会	一九二五	那智勝浦町	○	○	○

その他の建築

1	新宮市公会堂	一九一六	新宮市		○	
2	西村建築事務所　御影	一九二一	神戸市東灘区		○	

No.	作品名	竣工年	所在地	平面	立面	残存
3	熊野新報社	一九二三＊	新宮市		○	
4	西村建築事務所　住吉	一九二四	神戸市東灘区	○	○	
5	ＹＭＣＡ盤上寮	一九二四	寝屋川市	○	○	
6	安田龍門アトリエ	一九二四	粉河町	○	○	
7	角屋	一九二四	新宮市			
8	—	一九二四	新宮市			
9	—	一九二四	新宮市			
10	生泉堂医院	一九二四＊	茅ケ崎市	○	○	
11	桑原医院	一九二五	下北山村	○	○	○
12	品川洗足郵便局	一九二九	東京都品川区			
13	倉敷教会青年会館	一九三〇	倉敷市	○	○	
14	—				○	
15	—				○	

工作物

1	新宮第一小学校校門	一九二一	新宮市	○	○	○
2	与謝野寛・晶子墓碑	一九三六	府中市	○	○	○

・所在地は現在の地名である。
・「平面」「外観」「残存」に丸印があるものは、それぞれ、平面が把握できているもの、外観が把握できているもの、残存しているものである。
・竣工年に＊が付記されているものは、おおよその頃の竣工であることをを示す。

西村伊作年譜

この年譜は『我に益あり』巻末のものを若干訂正、また加筆したものである。

一八八四（明治一七）年　九月六日、和歌山県新宮横町仲之町の大石家で生まれる
一八九一（明治二四）年　一〇月、濃尾大地震で両親を失う
一八九二（明治二五）年　五月、母の実家・奈良県下北山村の西村家に入籍
一九〇三（明治三六）年　叔母が住む広島の明道中学を卒業
一九〇四（明治三七）年　堺利彦らが発刊したの「平民文庫」を行商
一九〇五（明治三八）年　徴兵を忌避しシンガポールへ旅行
一九〇六（明治三九）年　新宮に我が国最初のバンガローを建築
一九〇七（明治四〇）年　三月、津越光恵と結婚、二三才
一九〇八（明治四一）年　欧州・米国を旅行
一九一〇（明治四三）年　六月、大逆事件に関連し家宅捜索を受ける
一九一一（明治四四）年　一月、叔父大石誠之助、処刑される
一九一三（大正二）年　画家・石井柏亭を新宮に招き、共に絵画創作
一九一四（大正三）年　一一月、東京日比谷美術館で個展を開催
同年　一二月、伊佐田に自邸（現西村記念館）完成
一九一五（大正四）年　九月、雑誌『科学と文芸』を加藤一夫と共同で創刊
同年　二科会に入選
一九一七（大正六）年　陶芸家・富本憲吉を招き、共に創作
一九一八（大正七）年　彫刻家・保田龍門を招く
一九一九（大正八）年　九月、『楽しき住家』出版

一九二〇（大正九）年	八月、「文化生活と住宅」を大阪毎日・東京日々新聞に連載
一九二一（大正一〇）年	四月、「文化学院」創立
同年	「西村建築事務所」を御影に開設
同年	九月、『田園小住家』出版
一九二二（大正一一）年	一月、『生活を芸術として』一二月『装飾の遠慮』出版
一九二三（大正一二）年	五月、倉敷教会竣工。これを機に倉敷で活発に活動
同年	六月、『明星の家』『我子の学校』出版
同年	九月、震災で校舎全焼
一九二四（大正一三）年	御影事務所を住吉に移転
一九二六（大正一五）年	三月、建築事務所を「西村建築株式会社」に改組、銀座出張所置く
一九二七（昭和二）年	七月、東京・阿佐ヶ谷へ新宮より一家転居
一九三〇（昭和五）年	長男久二、米国で建築を学び帰国し事務所を手伝う。この頃より建築活動から離れ始める
一九三三（昭和八）年	八月、五反田・池田山に自邸竣工
一九三七（昭和一二）年	住吉事務所閉鎖
一九四一（昭和一六）年	四月、文化学院校長を辞して校主に就任
一九四三（昭和一八）年	四月、不敬罪の疑いで拘束される
同年	九月、文化学院強制閉鎖
同年	一一月、懲役一年の有罪判決下る。上告
一九四五（昭和二〇）年	終戦
一九四六（昭和二一）年	文化学院再開。再度校長に就任
一九六〇（昭和三五）年	一〇月、自伝『我に益あり』出版
一九六三（昭和三八）年	二月一一日、逝去、享年七八歳

あとがき

なぜ西村伊作の研究をしたのかと問われることがある。特に変わった理由があるわけではないが、そのことから始めよう。

私と西村の出会いは、大阪工業大学建築学科の光崎育利先生（現在名誉教授）率いる都市計画研究室で学んだ後、高校教諭の職を得、新宮に赴任したことから始まる。大阪に近い県北部の和歌山市で生まれ育った私にとって、紀伊半島南端近くの新宮は同じ県内でも山の彼方であり、赴任後旅行気分でこの地を巡るなかで西村記念館を訪れ彼の存在を知った。

建築や都市を学ぶものにとって自然な感情であると思うが、私は新宮の街が小さくとも美しい南国の街であって欲しいと願った。そのためには老朽化しているけれども洒落た外観の旧西村伊作邸・西村記念館はぜひ保存したいと思った。

保存するためには学問的な裏付けがいる。しかし、彼については「文化学院」の創立者として教育の分野ではそれなりに評価されているものの、建築の分野では彼の著書『楽しき住家』がなぜか歴史上に残っているだけで、業績は何も明らかにされていなかった。そんなことから西村研究に取り組み始めたのだった。それは十二、三年前のことである。そんなわけだから、最初から建築歴史に興味を持っていたのではない。しかし、近代建築史研究は面白く、その世界は研究の苦しさに耐える力を私に与えてくれた。そして私は今日まで西村伊作にのめり込んでしまった。

人物研究をするのであれば、研究に情は関係ないと分かっていても、やはりその人物に惚れ込みたいものである。率直に言うと最初は彼に若干の異和感を感じていた。しかし、彼の業績の大きさ、強い信念をみて、今はそれも消えた。

彼は戦時中、文化学院内での発言で半年間も拘束され、しかも屈していない。明治人の強さか、紀南（和歌山県南部）人あるいは、大石家の気質もあってのことなのだろうか。私にはとてもできない。

いうまでもなく我が国の住宅近代化は大勢の人々の努力によってなされたが、接客本位から家族本位への転換という大きな障壁を乗り越える契機を作ったのは、やはり彼のような人物であったのだ。

さて、西村研究にあたっては実に大勢の方々のお世話になった。中でも東京大学生産技術研究所教授・藤森照信先生は、私が研究に限界を感じていた頃、藤森研究室の研究生として招いてくださった恩人である。本格的な西村研究はここから始まったといって過言ではなく、お陰でその成果を本書の基となった論文『西村伊作の研究』としてまとめ、博士（工学）の学位を受けることができた。

西村の建築活動についてはまとまった史料が失われ、今までそれが研究の障害となっていた。しかし今回、文化学院・西村家関係の方々からそれを補う貴重な史料の提供をいただいた。

この他にも多くの方々と出会い、多大なご支援をいただいたことはいうまでもない。末尾ながら感謝の意を表し結びとしたい。

南紀・新宮にて　　田中修司

西村伊作の楽しき住家《じゅうか》

—— 大正デモクラシーの住《すま》い ——

田中修司《たなかしゅうじ》（旧姓西山）

著者略歴

1950年、和歌山市で生まれる。

和歌山工業高等専門学校卒業後、会社勤めを経て、大阪工業大学建築学科に再入学。1976年、同学卒業。新宮および古座高等学校教諭として勤務。

1995年、東京大学生産技術研究所・藤森照信研究室研究生。1998年、「西村伊作の研究」で博士（工学）（東大）の学位を受ける。

現在、新宮高等学校建設工学科教諭。

2001年10月19日　初版第１刷発行

発行所
株式会社 はる書房
〒101-0065 東京都千代田区西神田1-3-14根木ビル
電話・03-3293-8549　FAX・03-3293-8558
振替・00110-6-33327

組版／BIG MAMA　印刷・製本／中央精版印刷

ISBN4-89984-021-7　C0052